艺术体育
高校学术研究论著丛刊

新时代武术的价值与科学发展研究

马庆娟 著

中国书籍出版社
China Book Press

图书在版编目 (CIP) 数据

新时代武术的价值与科学发展研究 / 马庆娟著 . --北京 : 中国书籍出版社 , 2020.11
ISBN 978-7-5068-8126-5

Ⅰ . ①新… Ⅱ . ①马… Ⅲ . ①武术 – 研究 – 中国 Ⅳ . ① G852

中国版本图书馆 CIP 数据核字（2020）第 226632 号

新时代武术的价值与科学发展研究

马庆娟 著

丛书策划	谭 鹏 武 斌
责任编辑	吴化强
责任印制	孙马飞 马 芝
封面设计	东方美迪
出版发行	中国书籍出版社
地 址	北京市丰台区三路居路 97 号（邮编：100073）
电 话	（010）52257143（总编室） （010）52257140（发行部）
电子邮箱	eo@chinabp.com.cn
经 销	全国新华书店
印 厂	三河市德贤弘印务有限公司
开 本	710 毫米 ×1000 毫米 1/16
字 数	194 千字
印 张	15
版 次	2021 年 10 月第 1 版
印 次	2021 年 10 月第 1 次印刷
书 号	ISBN 978-7-5068-8126-5
定 价	78.00 元

版权所有 翻印必究

目 录

第一章 武术的基本知识 ……………………………… 1
  第一节 武术释义 …………………………………… 1
  第二节 武术的起源与发展 ………………………… 5
  第三节 武术的特点与功能 ………………………… 14
  第四节 武术的分类与流派 ………………………… 19
  第五节 新时代武术的基本发展状况 ……………… 33

第二章 新时代武术价值的发展研究 ………………… 38
  第一节 近现代武术价值的发展与变迁 …………… 38
  第二节 新时代武术价值观的认知 ………………… 45
  第三节 新时代武术价值系统的构建 ……………… 48

第三章 新时代武术技击价值及其科学发展研究 …… 55
  第一节 武术技击价值的渊源 ……………………… 55
  第二节 武术的技法原理分析 ……………………… 62
  第三节 武术的技击动作与价值体现 ……………… 69
  第四节 新时代武术的竞技化发展 ………………… 79

第四章 新时代武术健身价值及其科学发展研究 …… 84
  第一节 武术健身价值与"健康中国" ……………… 84
  第二节 武术健身价值的体现 ……………………… 92
  第三节 武术健心价值的体现 ……………………… 94
  第四节 武术健身活动的开展与推广 ……………… 100
  第五节 武术与全民健身的融合与发展 …………… 117

第五章　新时代武术娱乐价值及其科学发展研究……124
- 第一节　武术娱乐价值的形成与发展……124
- 第二节　武术娱乐价值实现的影响因素……134
- 第三节　新时代武术娱乐价值的发展与提升……137

第六章　新时代武术教育价值及其科学发展研究……146
- 第一节　武术教育基本理论……146
- 第二节　武术教育价值的体现……150
- 第三节　武术教育价值的实现策略……154
- 第四节　新时代武术教学的发展与探究……162

第七章　新时代武术文化价值及其发展研究……170
- 第一节　武术文化内涵解析……170
- 第二节　新时代武术文化的传承……183
- 第三节　新时代武术文化的保护……190
- 第四节　新时代典型武术文化弘扬与发展……198

第八章　新时代武术经济价值及其发展研究……203
- 第一节　武术经济解析……203
- 第二节　武术产业化发展基本状况……207
- 第三节　武术产业化发展与市场运作……217

参考文献……231

第一章 武术的基本知识

武术是体育项目之一,是我国民族传统体育运动的典型代表。武术的发展,在一定程度上反映出了我国传统体育及其文化的发展历程,可以说,对武术的研究,能够对我国民族传统体育及其文化的研究有积极的推动作用。本章主要对武术的基本知识加以阐述,包括武术的概念与意义、起源与发展、特点与功能、流派与分类,以及新时代武术的发展状况等,由此,能对武术有一个基本的了解和认识。

第一节 武术释义

一、武术的概念界定

众多的学者研究认为,早期人类在生存竞争、狩猎、战争中的技能形态与武术初期的技术形态是同源同构的,甚至在一定时期里融会交织,然而二者就其文化内涵和价值功能方面而言却有着本质的区别。在战争中,最重要的是群体的阵势、协同等,个人的技术作用为次要。而武术则以个体行为为主,是发自于民间的一种文化形式,并且能表现出自卫、健身、娱乐、表演等多种社会价值和功能。

武术演进过程中,儒家、道教、佛教、民间宗教以及各种民俗文化都对其有不同程度的影响和渗透。因此可以这样认为,最初原始形态的武术与同时期世界各地的武技并无多少区别。发展到近代则二者迥然不同,重要的原因在于先秦以来大一统的封建社会经济与文化的长期积淀,使它逐渐远离狩猎和军事技艺的形态,成为一种独立的人体运动形式和文化载体。武术发展至今,体育的功能日显突出,并归属于体育范畴,其内容、形式和手段的体育化特点更强。因此,2004年出版的全国体育院校通用《中国武术教程》中,把武术的概念定义为"武术是以攻防技击为主要内容,以套路演练和搏斗对抗为运动形式,注重内外兼修的民族传统体育项目"。

二、武术的属性

(一)武术是传统技击术

《说文解字》指出,"止戈"为"武",即以武力制止对方的武力;"术"为"邑中之道也"。段玉裁将"术"引申为"技艺",即方法、技术之谓,犹如道路是通达目的的手段。可见,"武术"的本义是用徒手或兵器进行搏杀格斗以抑制对方武力的一种方法或技艺。

学者普遍认为,武术最早同源于狩猎、战争中的实用技术。随着不断总结、发展和适应的需求,武术从形式到内容都有了很大的变化,但是其技击这一精髓却万变不离其宗,"武术以技击为主要内容"正表达了它的本质属性,无论是套路还是格斗,都离不开攻防技击,这一特性使它既有别于舞蹈、杂技等人体运动形式,也有别于体操等体育项目。所以,武术是一种中国传统的技击术。

另外,技击并不是我国所独有,而是人类从本能需要到文明需要必然产生的技能和文化。世界各地都有自己的技击术,如角斗、拳击、击剑、泰拳、空手道、跆拳道、桑勃等。因而传统武术是技击术,也是我国传统的文化内容之一,是我国广大劳动人民在自己的土地上以自身的实践、按照需求总结的传统技击术。其历经各代习武者的揣摩研究,才最终形成了富有华夏民族性格的技击术——中华武术。

第一章　武术的基本知识

（二）武术是民族传统体育

毋容置疑，传统武术具有体育属性，是以身体活动为基本形式的技击术。千百年来，人们从文化需求和社会功能的角度一直将武术作为健身强体、提高素质的手段，近代以来其在军事训练中的作用减小、体育功能增强等因素，都将武术与体育紧紧融合在一起。

近代以来，特别是随着体育的全球化，传统武术明显向体育项目转变，并逐渐与世界体育文化接轨。新中国成立后，政府明确武术为体育运动项目，开展普及工作，制定了竞赛法和规则，使武术的套路和散手更明显地表现出体育性质，极大地促进了武术运动的发展。

作为体育项目，武术以套路和对抗为主要表现形式。套路运动把技击方法合理地串联起来，并根据人们的审美情趣加以美化，注重韵律节奏的变化；还根据人的体能状况，充分考虑运动量与强度的关系，使得武术运动在演练中既能体味到传统技击术的攻防含义，又得以强身健体。

武术运动还采用诸如散手的对抗形式来表现其实际运用的能力。武术运动的体育属性决定了散手必须摒弃实用技击术中致人伤残的技法，转而采取保护措施，以最终达到对抗双方进行体能、智能、技能较量的目的。从技击而言，传统武术中的散手是一种格斗方法，可以包括胜负争斗和竞技较量两种性质。作为中国传统技击术，武术并不乏置人于死地或使人失去反抗能力的方法，这与体育的性质是相违背的。对抗竞技必须摒弃致伤、致残、致死的方法，因而要使武术运动演化为一种个人操练或默契配合的套路形式。因此，武术作为传统技击术，含有超越体育运动的成分。总的来说，中国传统体育是武术的属概念，武术的套路运动和格斗运动则是概念的外延。比较确切的提法，体育项目的武术应称为"武术运动"。

(三)武术是我国传统文化的内容

武术不仅仅是一种技术技能或人体运动,它还具有丰富的文化内涵。任何一种技能、一个体育项目都有其文化意义,但没有任何一种运动能像武术这样与自己的传统文化紧密联系,也不能像武术这样具有如此巨大的文化包容量和文化负载能力。我国传统武术的发展中,武术与文化分不开。武术始终在传统文化的氛围中生存和发展,传统武术植根于中国传统哲学、政治伦理、宗教礼仪、军事思想、文学艺术、医学理论以及社会习俗等形形色色的社会形态之中,中华民族独特的思维方式、道德观念、审美情趣、心态模式、价值取向以及人生观、宇宙观等在武术中都有集中的反映。

此外,武术重视"内外兼修",也言简意赅地反映了它的文化属性,使武术超越了一般的技能技术层次,也超越了以体能形态为主的西方竞技体育。"内外兼修",以"主动"与"主静"及"中庸"为支架,体现了寓意深邃、内容丰厚的文化内涵,诸如整体运动观、阴阳变化观、形神论、气论、动静论、刚柔说、虚实说等,形成了独具风貌的武术文化体系。传统武术既具备人类体育运动强身健体的共同特征,又具有东方文化特有的哲理性、科学性和艺术性,是中国文化在人体运动中的表现和载体,从一个侧面辉映出东方民族文化的光彩。具体而言,"内外兼修"可归为四方面:一是武术追求外在的形健和内在的神韵,从而达到形神兼备;二是武术追求内外交修之功,要求武德与拳理、技术与修养结合,成为武术育人的最高境界;三是武术的"内三合"与"外三合",内外相合、上下相随,追求一种高度的协调与统一,体现了整体运动观;四是武术训练中既强调练"内",又强调练"外",即所谓"外练筋骨皮,内练一口气"。所以,"内外兼修"一语较形象地表示了武术的传统文化属性。

综上所述,武术是我国传统的技击术,以攻防技击为本质,基本功能在于健身防身、修身养性;武术归属于民族传统体育,有独特的运动形式和技术方法；武术同时还是民族文化的一部分，是以人体运动形式来表现的中国文化形态。

第二节　武术的起源与发展

一、武术的起源

（一）武术的雏形

武术是人与人之间的搏杀技巧。武术的雏形最早可以追溯到原始社会时期。原始社会时期，生产力低下、生存环境恶劣，当时的人们为了生存而不得不与大自然进行各种各样的战斗。在长期的生产活动当中，人类靠拳打、脚踢、躲闪等徒手动作和利用石头、木棒、兽骨等原始工具与野兽抗争，在这些过程中逐渐学会了劈、砍、刺等基本搏斗技能。这种原始的、基于本能的技能还没有脱离生产技能的范畴，因此不能看成是武术的萌芽。因为只有人与人之间的搏杀格斗才具有攻守矛盾的存在、符合技击的逻辑本质。但人在与大自然进行抗争的过程中所积累并逐渐演化为系统的技能方法的一系列动作形式为传统武术技能的形成奠定了基础。

人类发展到旧石器时代晚期，石器、石球、石斧、石铲等大量石器工具产生并快速发展；新石器时代，石刀、骨制的鱼叉、箭镞、铜钺、铜斧等使人们的生产、狩猎进一步得到提高。一系列生产、狩猎工具的创新和发展使人类的砍、劈、击、刺等技术不断成熟。这一时期，武术初见雏形。

武术在人类发展历史中正式萌生于人与人的战争中。原始社会末期，大规模的部落战争开始出现。如《吕氏春秋·荡兵》记载："未有蚩尤之时，民固剥林木以战矣。争斗之所自来者久矣，不可禁，不可止。"人与人的搏杀格斗在客观方面促进了器械的制作以及技击技术的发生和发展,《世本》记载:"蚩尤作'五兵':即戈、殳、戟、酋矛、夷矛。"兵器的发展促进了使用兵器的技术的进步,战争将人类的格斗技能从原始生产劳动中分离出来,这一时期,武术作为一种独立的社会技能开始形成并发展起来。

值得提出的是,原始社会人们进行狩猎、战事活动前后的"武舞"促进了传统武术动作套路的发展。史籍记载:大禹时期三苗部族多次反叛,部落间战争不断,后来,禹停止战事,让士兵持盾斧操练"干戚舞"请三苗部族的人观看,三苗部族被慑服而臣服于大禹。"干戚舞"是古代众多"武舞"中的一种。从表面上看,古代"武舞"是对狩猎或战争场景的模拟,用于鼓舞族民或震慑敌人;从现实意义的角度来看,武舞是对搏杀技能的一种操练,它融知识、技能、身体训练和风俗习惯等为一体,将用于实战格杀的经验按一定的程序进行演练,是古代人们对武术的认识由感性向理性的升华,为武术套路的形成奠定了基础。

(二)武术的形成

原始社会的武术形式是在人类生产劳动和部族战争中萌芽和发展的,它构成了原始社会时期人类文化的重要组成部分,但从本质上讲,原始社会的武术还没进入有目的、有计划、有组织的体育活动范畴,因此不能称为真正的武术。

真正的武术是在阶级社会逐渐形成的。人类进入阶级社会后,在不断发生的部族战争和家族私斗中,比较成功的击、刺、出拳、踢腿等技术动作逐渐被人们模仿、习练和传授。因此,人类的搏斗经验不断得到丰富,搏斗技能进一步规范化和实用化,再加上兵器的发展,武术体系正在逐步形成。

奴隶社会,武术成为专门为统治阶级服务的军事技能,随着生产力和生产方式的不断进步,奴隶社会矛盾不断加剧,奴隶制的崩溃使得奴隶主贵族在军队和教育方面垄断武技的局面被打破,"士"阶层和"游侠"开始出现并在当时日渐活跃,这标志着武技开始走向民间。民间的武术技艺主要是以个体性为基础,向着多样化的方向发展。为了提高武术技能,习武者不断进行钻研、尝试和比较,武术开始讲究攻防技巧和战术打法的多样化(如进攻、防守、反攻、佯攻等),随着武术技能的丰富和发展,武术理论在人类社会开始逐步萌生。

二、武术的发展

(一)古代武术的发展

1. 夏朝时期

夏朝的建立标志着人类进入奴隶制社会,奴隶主之间的战争形式主要是车战。为了适应车战的需要,加之冶炼技术的发展,各类青铜兵器大量出现并不断进行改进以满足战事的需要,如戈与矛结合而产生的戟。另外,"序"和"校"等以武术为主的教育机构开始出现,在这里人们习练和传授各种武技(如"手搏""手格""股肱"等)。

2. 殷商时期

殷商是以农业经济为主的奴隶社会,这一时期田猎作为武术训练的重要手段开始出现。田猎不再是人类维持生存的唯一手段和方法,而是逐渐发展成为一项具有军事意义的集体活动,目的是训练各种武器的使用及士兵驭马驾车的技术,"以田狩习战阵"。田猎集身体、技术、战术训练为一体,使用的大多是制作精良的青铜器,如矛、戈、戟、斧、钺等,大大提高了武术的杀伤力。田猎是奴隶主进行军事技能训练的重要手段,殷商甲骨文中就有大量关于田猎的记录。

3. 西周时期

西周时期十分重视对贵族子弟的教育,主要以"六艺"(礼、乐、射、御、书、数)为主,目的是为了维护奴隶主贵族专政,该时期的武术文化教育气象也由此萌生。在对贵族子弟的教育内容中,"乐""射""御"都与武术有着直接的关系。其中,"射"和"御"分别指射箭和驾驶战车,"乐"则是周朝开国的一种舞蹈,这种舞蹈是向东南西北四方各做四次击刺动作,为后来的武术基础套路和武术套路中的"打四门"奠定了基础。

4. 春秋战国时期

春秋战国时期诸侯争霸,战事频繁,铸造工艺和练兵习武使武术获得了极大的发展,诸侯各国"以兵战为务",重视拳技、臂力、筋骨强壮出众者,据《管子·小匡》记载:齐国宰相管仲改革兵制以强国,责令官兵进行实战性武技训练,凡是民间有拳勇而不报告者按隐匿人才问罪。每逢春秋之际举行全国性的"角试"选拔武艺高强的人充军。另外,春秋战国时期,击剑之风盛行。据《吴越春秋》记载:古代越国有位著名的女击剑家,时称"越女"。她不但剑技出众,而且还有一套技击理论。越女认为:剑术看似浅显容易,实则深邃精妙,包含门户的开合与阴阳的变化。越女的剑术阐明了其中动静、快慢、攻防、虚实、内外、逆顺、呼吸等矛盾体,剑术理论较为成熟。

5. 秦汉时期

秦汉时期武术开始有了拳术、剑术、象形武术等基本的分支,为以后武术的发展奠定了基础。发展至汉朝,武器武备和军事训练受到了空前的重视,整个社会"兵民合一""劳武结合",全民尚武。这一时期武术技能和理论都得到了较大的发展。一方面,刀开始逐渐取代剑而成为军队中最主要的短兵器,刀剑之术、相扑、角抵等东传至日本;另一方面,一些论述武术的书籍开始出现,如收录了《手搏》6篇、《剑道》38篇的《汉书·艺文志》,论述习武者"非信廉仁勇,不能传兵论剑,与道同符"的《史记·太史公自序》等。这些文献的出现标志着习武者"武德"要求的基本形成。

第一章　武术的基本知识

6. 两晋南北朝时期

两晋南北朝时期的历史发展特点是民族大融合，这一时期，武艺在军中和民间都得到了进一步的发展，主要表现为娱乐性的武术（如角抵戏、刀盾表演、刀剑表演、武打戏等）发展较快；武术的文化内涵得到了丰富，开始与宗教思想结合起来。

7. 唐朝时期

唐朝时期政治开明、竞技繁荣、文化开放，武术有较好的社会发展环境。这一时期对武术的发展有积极影响的主要表现为剑术在民间的盛行和武举制度的建立。首先，剑被刀取代退出战争，开始发展成为具有自卫、健身、娱乐、表演等多种功能的武术形式；其次，武举制的建立开创了用考试选拔武勇人才的先例，对武术精炼化、规范化发展以及全民尚武起到了巨大的推动作用。

8. 两宋时期

两宋时期武术兵器得到了丰富，习武组织开始出现，武艺表演日渐成熟。首先，战争促进了兵器的改革和进步，为武术器械的丰富和习武者技艺的提高创造了条件；其次，人民备受压迫之苦，纷纷进行武艺结社进行反抗或健身活动，如"弓箭社""忠义巡社""锦标社""英略社"等；最后，套子武艺开始大量出现，在专业的游艺场所"瓦舍""勾栏"中，各种武艺表演丰富多彩，为以后武术的表演化发展产生了深远的影响。

9. 元明清时期

元朝强化朝廷习武练兵、严禁民间习武的做法阻碍了民间武术的发展，但元曲中的武打戏为武术在舞台上的表演发展到一个新的高度。明清时期，火器的出现使得武术与军事武艺逐渐分离，促进了武术在未来一段时期内的集成化发展。这一时期武术的发展特征表现为：武术套路逐步形成，程宗猷的《单刀法选》所绘制的刀、棍等套路演练步法线路图是至今所见的最早的武术套路图谱；武术流派逐步形成；反映中国哲学文化的内家拳开始出现并获得发展；武术开始与气功导引术结合起来，诞生出武术内功；对习武者武德的要求更加系统化，并具体到技术层面。总之，这一时期武术的发展奠定了中国传统武术的重要地位并为以后武术的发展开创了广阔的空间。

（二）近代武术的发展

近代武术的发展主要表现为武术组织的建立、武术教育形式的创新和武术观念的革新三个方面，在武术发展历史上具有承前启后的作用。

1. 武术组织的建立

在一些有识之士的推动下，辛亥革命后武术逐渐受到重视，一些大的城市，如北京、天津、上海等开始纷纷成立武术组织。如1910年，在上海成立的精武体育会是当时影响最大、传播最广、维持时间最长的武术组织；1928年，国民党在南京成立的中央国术馆及地方国术馆使武术打破了地域、家族的限制，突破了传统的师徒口传身教，有组织地研究、整理和推广了武术。

2. 武术形式的创新

武术教育形式的创新为传统武术的近代化转型做了有益的尝试。1911年，一批武术名家合作编辑了《中华新武术》一书，该书于1917年被定为军警教材，于1918年被定为全国正式体操。新武术的创编在一定程度上为武术进入学校体育课程提供了可能。1915年，"全国教育联合会"在天津召开，会议通过决议："各学校应添授中国旧有武技。"武术成为一种尚武强国的学校教育手段。1918年，教育部召开全国中学校长会议，会议通过决议：全国中学校一律添习武术。这标志着武术正式成为学校体育课程中的一项教学内容。但受各种原因的影响，学校武术的开展情况不尽如人意。

3. 武术观念的革新

随着人们对武术认识的深入和学校武术的开展,新、旧思潮的交锋和"土洋体育"之争逐步深化,人们开始从体育观的角度来认识、理解和解释武术。一些有识之士开始开展武术的收集、整理和研究,武术的健身与技击功能得到进一步的重视,这一时期,武术开始向着科学化的方向发展。此外,近代武术竞赛的举办也推动了武术的发展。

(三)现代武术的发展

以武术发展的历史顺序为主,从以下几个方面介绍现代武术的发展。

第一,武术理论的系统研究是武术发展的一个重要方面。1952年,国家体委设立民族形式体育研究会,对包括武术在内的民族体育开展了深入的研究。1957年的全国武术表演评比大会提出了发展传统项目的建议,此后的几次大型武术运动会或武术比赛中,武术项目逐渐增加。1979年开始,国家体委在全国范围内掀起挖掘、整理武术的热潮,各地发掘、继承武术的积极性都很高。1997年"武术段位制"的实行使武术得到了进一步的普及。1982年,全国武术工作会议明确指出"必须加强武术的科学研究和理论建设",武术理论研究逐步繁荣起来。此后经过三年努力,发掘拳理明晰、风格独特、自成体系的拳种多达129个,并出版了《中国武术拳械录》一书。1986年、1987年分别成立的中国武术研究院和中国体育科学学会武术学会(后更名为武术分会)为我国今后武术的科学研究提供了组织保障。另外,武术进入学校,培养了高层次武术研究人才,为武术的科学研究提供了人才保障。

第二,组织化是现代体育发展的重要特征之一,武术管理体制的建立、发展和完善就是武术组织化的表现。1950年,中华全国体育总会召开武术座谈会,倡导发展武术运动。1952年,国家体委成立后,设立了民族形式体育研究会,负责挖掘、整理武术。1955年,国家体委在运动司下设武术科,后又改为武术处,专门负责国家一切武术工作。随着改革开放的深入,为了适应武术迅速发展的需要,我国成立了国家体委武术研究院,负责统一管理、推广武术。1994年,国家体委增设武术运动管理中心,进一步完善了我国武术的管理体制,为我国武术的科学化、规范化管理奠定了基础。

第三,武术教育体制的发展是推动武术发展的重要因素之一,也是武术发展的重要表现之一。新中国成立初期,国家非常重视传统武术的发展,通过努力将武术引入学校教育系统,1956年,教育部编订并颁布了中国第一部《中、小学体育教学大纲》,将武术列为学校教学内容之一,此后,各级学校都十分重视武术的教学工作,开始以学生的需要和发展为中心进行武术教学,在高等院校中,由于具备良好的师资、器材、设备等条件,武术教育取得了良好的教学效果。

第四,由于党和国家对武术的重视,武术竞赛体系开始发展和壮大。1953年全国民族形式体育表演及竞赛大会的举行,标志着武术作为体育项目开始进入竞赛领域。1958年,中国武术协会组织部分专家起草了中国第一部以长拳、南拳和太极拳为主要竞赛内容的《武术竞赛规则》,自此武术比赛步入了正规化的轨道。为了适应武术的发展和武术竞赛需要,1989年,国家体委将全国武术比赛改为全国武术锦标赛,并进行了一系列改革,强化了武术比赛的公平竞争机制,提高了武术套路及技术水平,使武术竞赛进入了一个新的发展阶段。2003年,为了申报奥运会项目,我国对《武术(套路)竞赛规则》做了修订,进一步提高了武术比赛评判的客观性。目前,我国武术竞赛众多,既有地方性的,也有洲际的甚至是世界性的武术比赛,如亚洲武术锦标赛、世界武术锦标赛等。

第五,社会化与市场化是现代武术发展的重要标志之一。一方面,武术运动内容丰富,形式多样,且不受年龄、性别、时间、场地、器材等的限制,因此深受人民群众的喜爱,群众学习武术的积极性很高。在三年自然灾害和十年动乱期间,群众性武术活动曾一度受到阻碍,随着拨乱反正的进行和国家对武术运动的一系列推动,武术运动在20世纪80年代又掀起了一股规模空前的学习热潮。之后,"武术之乡""武术百杰"等评选活动先后在全国范围内展开,推动了群众性武术活动的良性发展。此外,武术"段位制"的实行使得民间武术活动更加规范化,全国习武爱好者的武德水平也进一步提高。另一方面,我国经济的发展以及人们思想观念的变化促进了武术的市场化发展,早在1987年,国家体委就曾提出"开发武术资源"的口号。1988年又提出了"以武养武"的发展思路。自此,各类民间武馆、武校纷纷成立,一些地方开始以"武术搭台,经贸唱戏",开发以武术为主要形式的经济产品带动当地经济的发展。如郑州国际少林武术节、温县国际太极拳年会、湖北武当文化武术节等。另外,一些商业武术比赛,如2000年诞生的"中国武术散打王争霸赛",进一步推动了我国武术的市场化发展。

第六,武术是中国优秀传统文化的组成部分,也是世界优秀传统文化的组成部分,中国武术的快速发展和走向国际对增加世界各族人民友谊具有重要的意义。一方面,我国武术队积极走访其他国家、进行各种巡演;另一方面,我国积极举办世界级的各种武术竞赛,极大地推动了中国武术在世界范围内的发展。武术作为我国优秀的民族文化和运动项目,是维系世界各国人民和各族群众友谊的纽带和桥梁,也是全世界了解中国的重要窗口之一。

第三节 武术的特点与功能

一、传统武术的特征

(一)技击性

1. 技击性是传统武术的本质特点

武术不仅有对抗性练习,还有套路练习;不仅有单人练习,还有双人和多人练习,且拳种丰富,器械多样,汇集了中华大地上不同地域、不同民族使用不同器械进行攻防技击的技术,这是任何其他的体育项目所无法比拟的。武术正是具备了这样的特点,有此本质属性,才得以区别于其他的体育项目。

2. 武术的技击性长期存在

武术的技击性从其诞生便存在。武术是由人的技击自卫术发展而成,因而技击特点是它技术上最主要的特点。在以冷兵器为主要兵器的时代,武术作为军事技术和训练手段,与古代战争紧密相连,这使得武术的技术来源于技击实践,经过不断的加工、提高,然后再用于技击实践。这时武术的技击特性是显而易见的。随着火器逐步发展,武术直接的技击价值逐步减小,虽然如此,但武术仍然保持了技击性这个技术特点,例如武术的一些技击术仍在军队战士、公安武警中被采用。

3. 武术动作方法表现出技击性

散打动作方法的技击性且不论,套路武术运动也表现出非常明显的技击性。套路运动是传统武术的一个极具特色的运动形式,尽管不少动作在技术规格、运动幅度等方面与原形动作有所变化,但是其动作方法却仍然保留了技击的特性。虽然在套路编排中由于联结贯串及演练技巧上的需要,穿插了一些非攻防技击意义的动作,仍然是以踢、打、摔、拿、击、刺等技击动作为主,在整体上仍然表现为技击性。

4.武术的力法和创新体现出技击性

近代各拳种中不仅在技术上仍体现了各种技击方法的做法和力法,在各自的拳理中也反复强调技击的理论。就算是轻灵舒缓如太极拳,其动作和传世的拳谱也都充分体现了武术的技击性,发展了推手运动。

从传统武术的整体来看,其技击特点是决定武术动作规格的基本依据,武术的力法讲究刚柔相济也是由其技击特点所决定的。虽然今天武术运动的技击价值已不能和冷兵器时代相提并论,并且随着竞技武术技术的发展,武术套路技击特点也有所淡化,但技击特点仍将作为武术技术的最基本特点而长期存在,这是不可否认的。

(二)文化性

中国的传统武术与中国传统文化有着深厚的血缘和形神相依的联系,武术作为民间历史悠久的通行文化,内容极其庞杂,负载着民族文化的方方面面。

第一,中国古典哲理、伦理、中医理论和古典兵学思想都是武术的理论基础。

第二,舞蹈、杂技等传统表演艺术在武术生成之始就与其血肉相连,又形成了传统艺术与武术的血缘和互渗,武术文艺作为一个起端甚早而定名颇新的概念,已经越来越为各界有识之士所接受。

第三,宗教、民俗和民族、地域风俗特色相依互存,更使武术的博大精深超越世界上任何国家的任何一个体育项目。这些条件使得传统武术在产生、发展过程中受中国传统文化背景的影响,使它在各方面都带有浓厚的中国传统文化色彩,表现了它的民族文化特点。

(三)适应性

(1)运动者可根据自身的条件和兴趣爱好进行选择传统武术练习。传统武术的练习形式、内容丰富多样,有适合演练的各种拳术、器械和对练,有竞技对抗性的散手、推手、短兵,还有与其相适应的各种练功方法。不同的拳种和器械有不同的动作结构、技术要求、运动风格和运动量,分别适应人们不同的年龄结构、性别和体质的需求。

(2)传统武术对场地、器材以及环境条件的要求较低,练习者可以根据场地的大小变换练习内容和方式,即使一时没有器械,也可以徒手练拳、练功。

(3)传统武术练习不受时间、季节的限制,夏练三伏、冬练三九。

综上所述,传统武术相对于其他体育运动项目而言,具有较强的适应性。

(四)综合性

传统武术是功法、套路、技击术三位一体的体育运动,寓技击、养生、表演和功法、技道于一体。众多的体育运动中,有的有强烈的攻防格斗性质(如拳击、摔跤、击剑等),但没有套路演练;有的虽有内力训练,但与武术的内功修炼难以比拟;有的虽是套路表演比赛的运动形式,但没有格斗的内涵,动作素材也不必具备技击攻防的属性,更没有内功的要求。传统武术与以上这些运动形成鲜明的对比,其融合了功法、套路、技击、养生、表演等方面,使武术具有了很强的综合性特点。

二、传统武术的功能

传统武术的功能是多方面的,经过传统武术的锻炼,能够达到不同的锻炼效果。具体来说,传统武术的功能主要有以下几个方面。具体可以根据实际需要进行侧重选择。

(一)健身功能

传统养生导引术在很大程度上影响着传统武术,因此,传统武术中也蕴含着一定的养生、健身之道,同时这就赋予了传统武术良好的健身功能。古语云:"搏刺强士体。"戚继光谓:"凡兵平时所用器械,轻重分量当重于交锋所用之器。重则既熟,则临阵用轻者,自然手捷,不为器所败矣,是谓练手之力。凡平时,各兵须学趋跑,一气跑得一里,不气喘才好……凡平时习战,人必重甲,荷以重物。勉强加之,庶临战身轻,进退自速,是谓练身之力。"(《纪效新书·比较武艺赏罚篇》)这段话的大致意思为,通过练习"手之力""足之力""身之力"可以达到强身健体的目的,而强身健体非常有利于进行实战。至清代,习拳者往往将"益寿延年"当成主要目的。王宗岳在《十三势歌》中记载:"详推用意终何在?益寿延年不老春。"由此可以看出,其对武术的健身价值的重视程度是非常高的。以武术中最基本的长拳为例,长拳具有动作手法、身法、步法多变,屈伸、跳跃、翻腾、平衡等动作丰富的特点,经常进行长拳的练习,能够充分调动身体的各个器官并促进机体各项身体素质的发展。

(二)观赏功能

与当今许多体育项目一样,传统武术的观赏功能也是较好的。除此之外,鉴于武术运动的特点,还能够充分展现出人体运动美和人在攻防技击中的各种技巧,因此,传统武术具有较高的观赏性价值,往往能让观众如痴如醉。

武术运动不仅有着多种多样的观赏形式、丰富多彩的内容,同时,还有着悠久的历史和广泛的群众基础。汉代的"角抵戏",与现代的二人摔跤比赛相类似。宋代流行相扑表演,当时不乏民间高手,宋代专门供表演的勾栏瓦舍时常有各种精彩的武术操练和表演。这些都充分说明,传统武术的观赏功能是由来已久的,且不同的武术项目的观赏价值也会有一定的差异性。中国传统武术表演在民间一直作为一种民俗时尚,是中国民间传统文化的重要组成部分,在观赏过程中能够较好地满足人们的精神需要。

(三)技击防卫功能

技击性是武术的运动特点。在古代,武术的技击作用主要在国家军事方面得到体现。而到了现代,武术的技击价值则主要在人与人之间的近距离搏斗中得到体现,如公安部门人员在执行公务时所使用的格斗技术就是武术的一种表现形式,而对于一般的群众来说,他们可以在学习并掌握一定的武术技能之后,用来防身,给自己带来一定的安全感。由此可见,武术的技击功能是一致存在的。

除了技击功能,武术还有显著的防卫功能。通过长期的武术技法锻炼,能够使习武者达到强身健体、提高自身的运动水平和身体素质的目的,除此之外,习得一定的攻防格斗技术还能起到防身自卫的作用。

(四)教育功能

"习武以德为先。"对于武术来说,武德是最起码的要求。武德也被看作是习武者必须修持的一项重要内容,是习武者的一种自我约束与精神自律体系。由于受到中华民族重礼仪、讲道德的优秀传统的影响,武术历来对习武者的武德教育非常重视。不管习武者的武艺水平如何,只有武德高的人才会受到人们的尊重。古人对文武教育也是非常重视的,一直以来,对武术理论的阐述都与武德的内容有着非常密切的联系,有强大的教育功能。

另外,武术也是教育教学的内容之一。从明清时期武术进入书院开始,就非常重视在武德方面的教育。后来发展到民国,武术被正式列为学校体育课程,并有了专门的武术教材,这不仅有效激发了学生的民族意识,而且还有利于人们穷则思变、奋发图强的精神的培养。当今学校,传统武术依然是教育教学的重要组成部分。武术教学中对广大青少年进行武德教育,不仅能够使他们的自我修养、社会责任感得到有效增强,还能够有效地维护正常的社会秩序。

(五)经济功能

作为一种体育项目,武术已经正式成为奥运会中的重要项目,这就意味着其已经走进了竞技化道路,决定着武术被赋予了不可忽视的经济功能。武术的经济功能在两个方面得到体现:首先,能够有效增强练习者的身体健康,有延年益寿的作用,为社会竞技的发展提供高水平的劳动力,提高生产力;其次,作为一种运动技法的同时,武术也是一种精神产品,能以劳务的形式为社会服务,换句话说,就是当武术向社会提供精神产品时,提供这种精神产品的人也就同时向社会提供了劳务。需要强调的是,武术的经济功能并不一定是由其本身创造的。

第四节　武术的分类与流派

一、传统武术的分类

(一)以功能为依据进行分类

1.竞技武术

竞技武术的主要目的是最大限度地发挥个人运动潜能和争取优异成绩而进行的武术训练竞赛活动,竞技武术正式出现在20世纪50年代以后,具有专业化、职业化、高水平、超负荷、突出竞技性等传统武术的主要特点。

竞技武术大致包括三个部分,即竞赛制度、运动队训练体制和技术体系,竞技武术发展的最高目标是进入奥运会。

竞技武术中的套路竞技内容有很多,其中,可以将这些内容大致分为四个方面,具体如下。

(1)长拳、太极拳、南拳、剑术、刀术、枪术、棍术和其他拳术(第一类为形意拳、八卦、太极,第二类为通背、劈挂、翻子,第三类为地躺拳、象形拳等,第四类为查、华、炮、红、少林拳等)。

(2)其他器械。第一类为单器械,第二类为双器械、第三类为软器械。

(3)对练项目。包括徒手对练、器械对练、徒手与器械对练。

(4)集体项目。

2.健身武术

健身武术旨在为强身健体而开展的群众性武术活动,大众性、广泛性、自觉性、灵活性、娱乐性是健身武术的主要特点。"源流有序,脉络清晰,风格各异,自成体系"的拳种至少有一百多种,还有流传于民间的不同风格的套路以及各种功法等。

健身武术涵盖的内容广泛,包括针对武术普及和全民健身计划制定的"段位制"和"健身养生"锻炼方法。健身武术内容丰富多彩,形式多种多样,对于武术的普及和社会化发展有着积极的促进作用。

3.实用武术

实用武术是以部队和公安武警为对象的实用武术。简单实用,一招制胜是使用武术的主要特点。特警部队、防爆警、公安等在训练内容上主要有四科,即射击、奔跑、游泳和擒拿格斗。由此可以看出,实用武术在日常生活中应用是较为广泛的。

(二)以运动形式为依据进行分类

1.功法运动

以单个动作为主进行练习,以达到健体或增强某方面体能的

第一章　武术的基本知识

运动被称为功法运动。功法运动主要为武术套路和攻防格斗服务,但也有只练习功法运动以健身为目的的习练者。如练习"打千层纸"可以提高击打能力;长时间站"马步桩"可以增强腿力;练习"浑元桩"可以调心、调身、调息;练习"排打功"可增强人体抗击打能力等。

功法运动是提高武术专项技能的有效训练方法与手段。有些功法已被新的方法和器械所取代,如"石锁功""石荸荠功"等。有些功法是否科学合理还有待进一步研究,如"金钟罩""铁裆功"等。有些功法纯属玄虚不实,带有迷信色彩,如"刀枪不入""飞檐走壁""隔山打牛"等。

功法运动包含的内容有很多,每一种都有其独特的特点和价值。下面就对常见的几种功法运动进行简要的说明,具体如下。

（1）轻功

轻功泛指通过各种专门的练习方法和手段,以达到增强弹跳能力而蹦得高、跳得远之功效的功法运动,又称"弹跳功"。值得提出的是,关于轻功能使人变得"身轻如燕""飞檐走壁"的说法是不科学的。广大武术爱好者要正确看待影视剧中对轻功的描述。

（2）柔功

柔功泛指通过各种专门的练习方法和手段,以达到提高肢体关节活动幅度和肌肉伸展性能的功法运动。其中,较为代表性的有武术基本功中的各种压腿、压肩、搬腿、撕腿、劈叉腿、下桥等动作。

（3）内壮功

内壮功泛指习武者通过专门的训练方法和手段,对人体内在的精、气、神及脏腑、血脉、经络等进行修炼,以达到精足、气壮、神明、内脏坚实、经络血脉通畅、内壮外强等功效的运动,又称"内功""内养功"或"富力强身功"。

内壮功的练习功法有很多,以其锻炼的形式与方法为主要依据,可以将其大致分为静卧、静坐、站桩、鼎桩四种类型。

（4）外壮功

外壮功泛指习武者通过专门的训练方法和手段,使身体具有比常人较强的击打、抗击打、摔跌、磕碰的能力,以达到强筋骨、壮体魄之功效的功夫运动,又称"外功"。其中,较为代表性的有传统的鹰爪功、金刚指、铁砂掌等。

2. 套路运动

以技击动作为素材,以攻守进退、动静疾徐、刚柔虚实等矛盾运动的变化规律编成的整套练习形式,就是所谓的套路运动。

武术套路运动中包含的内容有很多,其中,最主要的有拳术、器械、对练和集体项目等方面。每一类型又都包含着丰富的内容。

（1）拳术

拳术是徒手演练的套路运动,包括自选拳、规定拳、传统拳术。拳术中又包含着许多种类,具体来说,包括数十种风格不同的拳种,其中,较为主要的有长拳、南拳、太极拳、形意拳、八卦掌、通背拳、劈挂拳、翻子拳、地躺拳、象形拳等。

①太极拳

太极拳是一种柔和、缓慢、轻灵的拳术。其基本方法为掤、捋、挤、按、采、挒、肘、靠、进、退、顾、盼、定等。

太极拳对练习者的要求较高,具体来说,要求其应该做到以下几个方面的要求：第一,静心用意,以意识引导动作,动作与呼吸紧密配合,深匀自然；第二,中正安舒,柔和缓慢,身体保持舒松自然,不偏不倚,轻柔自然；第三,动作弧形,圆活不滞,同时以腰为轴,上下相随,周身形成一个整体；第四,连贯协调,虚实分明,动作之间衔接和顺,处处分清虚实,重心保持稳定；第五,轻灵沉着,刚柔相济,动作不浮不僵,发劲完整。传统的太极拳有陈式、杨式、吴式、孙式和武式等。

柔和轻灵、呼吸沉静、绵绵不断、刚柔相济、如行云流水,是太极拳的主要特点。

第一章 武术的基本知识

②长拳

长拳是伴有蹿蹦跳跃、闪展腾挪、起伏转折和跌扑滚翻等动作与技术的拳术,主要包括拳、掌、勾三种手型,弓、马、仆、虚、歇五种步型,一定数量的拳法、掌法、肘法和屈伸、直摆、扫转等不同组别的腿法,以及平衡、跳跃、跌扑、滚翻动作。长拳套路主要包括适应普及的初级套路、中级套路,以及适应竞赛的规定套路和自选套路。长拳技术是由八个要素组成的,即姿势、方法、身法、眼法、精神、劲力、呼吸、节奏。

姿势舒展、动作灵活、快速有力、节奏分明,是长拳的主要特点。

③南拳

南拳是流传于中国南方各地诸拳种的统称。拳种流派颇多,广东有洪、刘、蔡、李、莫等家,福建有咏春、五祖等派。

拳势刚烈、步法稳固,多桥法,擅标手,常以发声吐气助发力助拳势,则是南拳的主要特点。

④象形拳

模仿某一动物的技能、特长和形态,或模仿某种特定人物的动作形态,结合攻防技法而编成的拳术,就是所谓的象形拳。流传较广的主要有醉拳、猴拳、螳螂拳、鹰爪拳、蛇拳以及武松脱铐拳和铐手翻子拳等。

以形取势、以意传神、心动形随、生动活泼、技巧性强,重其形、更重其意,是象形拳的主要特点。

⑤形意拳

以三体式为基本桩法,以五行拳(劈、崩、钻、炮、横五拳)和十二形拳(龙、虎、猴、马、龟、鸡、鹞、燕、蛇、骀、鹰、熊十二形)为基本拳法而组成的拳术,就是所谓的形意拳。

动作整齐简练、严密紧凑、发力沉着、朴实明快,是形意拳的主要特点。

⑥少林拳

少林拳是少林武术的总称,因嵩山少林寺而得名。少林拳的动作起、落、进、退多为直来直往。在练习少林拳时,在手法方面,需要做到出拳、出掌"曲而不直,直而不曲"。身法在定势中要正,运动中应进退和顺,起落自然,变换灵活。在步法方面,需要做到轻灵敏捷,沉实稳固,劲力主刚,讲究刚健有力、勇猛快捷。少林五祖拳、小洪拳、大洪拳、罗汉拳、梅花拳、七星拳、柔拳等,是少林拳的主要套路。

注重技击、立足实战、严密紧凑、短小精悍、巧妙多变,是少林拳的主要特点。

⑦八极拳

一种以挨、傍、挤、靠等贴身近攻作为主要内容的拳术,就是所谓的八极拳。其套路结构短小精悍,发力刚脆。步法以震脚闯步为主。

节短势险、刚猛暴烈、猛起硬落、逼身紧攻,是八极拳的主要特点。

⑧八卦掌

八卦掌名为"掌",实为"拳",是一种将攻防技术融合于绕圈走转之中的拳术。以站桩和行步为基本功,以绕圈走转为基本运动形式,步法变换以摆扣步为主,并包括推、托、带、领、扳、拦、截、扣等技法。基本八掌包括单换掌、双换掌、顺势掌、背身掌、磨身掌、回身掌、转身掌等。

身灵步活、沿圆走转、势势相连、随走随变,是八卦掌的主要特点。

⑨通背拳

通背拳因"腰背发力,放长击远,通肩达臂",故名通背拳。其手法以摔、拍、穿、劈、钻为主,讲求圈揽勾劫、削摩拨扇。

出手为掌,击手成拳;腰背发力,放长击远;甩膀抖腕,立抡成圆;大开密合,击拍响亮,发力冷弹脆快,这些都充分体现出了通背拳的主要特点。

⑩翻子拳

翻子拳有"双拳密如雨,脆快一挂鞭"之称,是一种短促灵便、严密紧凑、拳法密集、出手脆快的拳术。冲、掤、豁、挑、托、滚、劈、

第一章　武术的基本知识

叉、刁、裹、扣、搂、封、锁、盖、压等是翻子拳的主要拳法。

步疾手密,闪摆取势,上下翻转,迅猛遒劲,一气呵成,是翻子拳的主要特点。

⑪地躺拳

以跌、扑、滚、翻等摔跌技术为主要内容的拳术,就是所谓的地躺拳。技巧性较强,动作难度也较高,抢背、盘腿跌、摔剪、乌龙绞柱、虎扑、栽碑、扑地蹦、鲤鱼打挺及勾、剪、扫、绞等腿法等都是全套中常出现的动作。

顺势而跌,旋即而起,卧地而击,高翻低滚,起伏闪避,是地躺拳的主要特点。

⑫劈挂拳

一种以猛劈硬挂为主、长击快打、兼容短手的拳术,就是所谓的劈挂拳。劈挂拳的基本方法有滚、勒、劈、挂、斩、卸、剪、采、掠、摈、伸、收、摸、探、弹、砸、擂、猛十八字诀。在练习劈挂拳时,需要做到拧腰切胯,溜臂合腕,讲究滚勒劲、吞吐劲、劈挂劲、翻扯劲和辘铲劲等劲法。

大开密合,猛起硬落,迅猛剽悍,双臂交劈,斜拦横击,吞吐含放,翻滚不息,是劈挂拳的主要特点。

⑬戳脚

戳脚是一种以腿法为主的拳术,讲求"手是两扇门,全凭脚打人""手打三分,脚踢七分"。基本腿法包括丁、挑、端、剪、拐、点、蹶、碾、蹬、圈、错、转等。步法有玉环步、转趾步、倒插步、旋转步等。以腿为主,手脚并用,套路分为文趟子和武趟子。

架势开展,刚健矫捷,灵活多变,是戳脚的主要特点。

（2）器械

武术演练时使用的器具或兵器的总称,就是器械。

以形状和使用方法为主要依据,可以将器械分为三种,即短器械(刀、剑、匕首)、长器械(枪、棍、大刀)、双器械(双刀、双剑、双钩、双枪、双鞭)、软器械(三节棍、九节鞭、绳镖、流星锤)。

①刀术

刀术主要以劈、砍、斩、撩、扎、挂、刺等基本刀法为主,并配合各种步型、步法、跳跃等动作构成套路。

勇猛快速、气势逼人、刚劲有力、雄健剽悍,是刀术的主要特点。

②剑术

剑术主要以刺、点、撩、截、崩、挑等剑法,配合步型、步法等构成套路。

轻快敏捷、刚柔相济、富有韵律、潇洒飘逸、灵活多变,是剑术的主要特点。

③枪术

枪术主要以拦、拿、扎、崩、点、穿、挑、云、劈等枪法,配合各种步型、步法、跳跃构成套路。

力贯枪尖、走势开展、上下翻飞、变幻莫测,是枪术的主要特点。

④棍术

棍术主要以抡、劈、扫、挂、戳、击、崩、点、云、拨、绞、挑等棍法,配合各种步型、步法、身法等构成套路。

勇猛泼辣、横打一片、密集如雨、气势磅礴,是棍术的主要特点。

⑤大刀

大刀以劈、砍、斩等刀法为主,结合舞花等动作构成套路。在演练中都是双手握持,以腰力发劲,练习时要求身械协调,劲力充沛。

雄浑威武、勇敢果断,是大刀的主要特点。

⑥双刀

双刀以劈、斩、撩、绞等刀法结合双手左右缠头、左右腕花、交互抡劈等变化构成套路练习。要求身械协调,步法必须与刀法上下相随,对上下肢的协调要求较高。

刀法密集、左右兼顾、贴身严谨,是双刀的主要特点。

⑦双剑

双剑主要以穿、挂、云、刺等剑法为主,结合身法、步法,双手交替变换而构成套路。

第一章 武术的基本知识

身随剑动、步随身移、潇洒奔放、矫捷优美,是双剑的主要特点。

⑧双钩

双钩主要以勾、搂、锁、挂等方法构成套路。

钩走浪式、身随钩走、钩随身活、身灵步轻、洒脱多变是双钩的主要特点。

⑨绳标

绳标是以绳索缠绕着身体各部而变化出各种击法和技巧构成套路。主要动作有踢球、拐线、缠膝、十字披红、胸前挂印等。练习时须用巧劲,一根长索在身前、身后、腿部、肘部、颈部缠绕收放。

出击自如、变幻莫测,是绳标的主要特点。

⑩三节棍

三节棍主要以抡、扫、劈、戳等棍法及舞花构成套路。

轻巧灵便、能长能短、可伸可缩、软硬变换、勇猛泼辣、势如破竹,是三节棍的主要特点。

⑪九节鞭

九节鞭主要以抡、扫、缠、挂及各种舞花组成套路。主要动作有手花、腕花、缠臂、绕脖、背鞭等。其运动风格为"抡起似车轮,舞起似钢棍""收回一团,放走一片"。

九节鞭的特点是鞭走顺劲、抡舞如轮、横飞竖打、势势相连。

(3)对练

两人或两人以上进行的假设性实战演练,主要是按照预定程序进行的攻防格斗套路。在进行对练的练习时,要求练习者做到意识逼真,动作熟练,配合默契。对练的形式主要有三种,即徒手、持器械及徒手与持器械。

①徒手对练

徒手对练是运用踢、打、摔、拿等方法,按照攻防格斗的运动规律编成的拳术对练套路。常见的徒手对练的形式有对打拳、对擒拿、南拳对练、形意拳对练等。

②器械对练

器械对练是以器械的劈、砍、击、刺等技击方法组成的对练套路,单刀进枪、对刺剑、三节棍进棍、双匕首进枪等就是较为具有代表性的器械对练。

③徒手与器械对练

徒手与器械对练是一方徒手,另一方持器械进行的攻防对练套路,空手夺刀、空手夺棍、空手进双枪等就是较为典型的徒手与器械对练。

（4）集体项目

集体项目通常是指六人或六人以上的徒手或持器械的集体演练。中间可穿插对练动作,并有一定的图形变化和音乐伴奏。

3. 搏斗运动

两个人在一定条件下按照一定的规则进行斗智、较力、较技的实战攻防格斗,就是所谓的搏斗运动。搏斗运动包括的内容有很多,主要有推手、散打、长兵和短兵,其中,前两者开展较为普遍。搏斗运动是一种以制胜对方为目的的竞技运动。

（1）推手

推手是两人遵照一定的规则,使用掤、捋、挤、按、採、挒、肘、靠等技法,双方粘连黏随,寻机借劲发力将对方推出,以此决定胜负。

（2）散打

也称散手,古称手搏、白打等。由于比赛是以徒手相搏相较的运动形式在擂台上进行,又称"打擂台"。现在的散打是两人按照一定的规则使用踢、打、快摔等方法制胜对方。

（3）长兵

长兵是两人手持一种特制的长器械,遵照一定的规则,比赛中以棍法和枪法为主要攻防方法。

（4）短兵

短兵是两人手持一种特制的短器械,遵照一定的规则,比赛中以剑法和刀法为主要攻防方法。

二、传统武术的流派

(一)武术流派的分类

在不同地区,分布着不同流派和不同风格的武术,这些武术起源和发展的社会文化背景也有着一定的差异性,凝结了不同历史时期中国人民的智慧和知识。关于武术流派的分类,有几种不同的观点,具体如下。

1."南派"与"北派"

"南派"与"北派"的分类是以地域为主要依据进行划分的派别,见于民国时期陆师通《北拳汇编》等书使用的"南派""北派"的分法。这是一种在民间广为流传的说法,以流传地域为基础,并且受地理环境气候的影响。我国南方流传的武术特点主要表现为:拳法多,腿法较少,动作紧凑,劲力充沛;而北方流传的武术特点则主要表现为腿法丰富,架势开展,动作起伏明显,快速有力,有"南拳北腿"之说。

2."内家"与"外家"

清初黄宗羲撰《王征南墓志铭》中的"少林以拳勇名天下,然主于搏人,人亦得以乘之。有所谓内家者,以静制动,犯者应手即仆,故别于少林为外家"是"内家"与"外家"之说最初的资料显示。明清之际的内家拳仅是一个拳种,外家拳仅指少林拳,到民国期间凡注重"以静制动""得于导引者为多",概称为"内家拳";"凡主于搏人""亦足以通利关节"者,概称"外家拳"。到了后来,又出现了一种说法,即内家拳可包括八卦拳、太极拳、形意拳等。

3."黄河流域派"与"长江流域派"

曾流传于不同区域的武术,它们有着迥然不同的风格特点,因而所划分的流派也不同。民国初年《中国精武会章程》等书中,就出现了以江河流域进行分派的方法,较为典型的有"黄河流域派""长江流域派"。

4."少林派"与"武当派"

少林派因以少林寺传习拳技为基础而得名。少林拳源自嵩山少林寺僧众传习的拳术,后来逐步发展得与少林拳系特点相近的拳技归为少林派。少林派拳技有很多,其中,较为具有代表性的有少林拳、罗汉拳、少林五拳等。武当派之说则主要来源于黄宗羲撰《王征南墓志铭》,其中有"有所谓内家拳者,……盖起于宋之张三丰。三丰为武当丹士"的记载,因此而得名。清末又有人称太极拳传自明代武当道士张三丰。后来,内家拳、太极拳、八卦掌、形意拳等也被称为武当派。1928年成立的中央国术馆,曾一度依这种民俗分类和称谓,将该馆教学内容分为两个部分,即"武当门""少林门"。

5."长拳"与"短打"

关于"长拳""短打"的分类,见于明代戚继光在《纪效新书》中介绍的当时流行的拳法,对"势势相承"的宋太祖三十二式长拳,还有"张伯敬之打""李半天之腿""千跌张之跌"和"鹰爪王之拿"等不同流派有一定的记载。明代程宗猷《耕余剩技·问答篇》记载"长拳有太祖温家之类,短打则有绵张任家之类"。后来,人们对此进行了总结,认为长拳类指遐举遥击、进退急速、大开大合、松长舒展的拳术,短打类则主要指幅度小、势险节短、贴身近战、短促多变的拳术。

(二)武术流派的形成

武术流派的形成都是既有继承,又有创新。另辟蹊径,并在逐渐发展过程中不断完善,其风格和技术特点都区别于其他拳技时,就形成了新的流派。

其中,较为代表性的有以下几种:戚继光"三十二式长拳"是吸取十六家拳法之长而创立的；太极拳的形成就是由陈王廷吸取了各家拳法之长,以戚继光三十二式长拳为基础发展而来,后经杨露禅、武禹襄、孙禄堂、吴鉴泉等人的丰富,逐渐形成太极拳派。这个逐渐鲜明、相对稳定而又传播开去的过程,就是某个流派最终形成的过程。

武术流派的形成情况是不同的,其中,较为典型的情况主要有三种,具体如下。

第一种情况：繁衍支系,发展拳派。各式太极拳的繁衍,即属此类情况。

第二种情况：类同合流,壮大拳派。流派在发展过程中,将一些技法特征相同或相类的拳种归为一类,形成较大的拳派。传统的少林拳派就属此类情况。

第三种情况：融合诸家,创立新派。如蔡李佛拳、五祖拳以及形意拳、八卦拳等。

(三)武术流派的作用

关于不同流派分类的说法,虽然受到当时武术发展水平和人们认识武术等因素的影响,有一定的局限性,但是,不可否认的是,武术流派曾经对人们研究武术技术特征、武术分布区域和促进武术的发展与传播起到了一定作用。

武术流派在漫长的历史过程中,虽然受到封建时代小农经济以及宗法制度等的影响,使技术流派蒙上宗派、行、帮、教门等色彩,但武术技术流派在中国武术发展的历史长河中仍然起着积极的作用,给予了我们许多启迪。

武术流派将不同技术特点的风格充分地体现了出来,流派组成了不同的门类,将古老的技艺延续了下来,使武术几千年来得以生生不息,延续式地发展,发展式地延续。

(四)武术流派的存在形式

武术流派的存在形式有很多,其中,较为常见的有以下几种。

1. 以地域为流派

根据所在的地域进行划分,较为具有代表性的有南拳、北拳、咏春拳等。

2. 以帮会为流派

以所创的帮会划分为主要特征,较为具有代表性的有洪帮的武艺训练教材——洪拳、义和团武术——梅花拳。

3. 以馆号为流派

包括精武体育会、振兴社、玉林馆、武坛等民间会馆所传习的武术,久而久之形成了一个流派。这种流派的技术内容,往往杂糅了诸多拳种,因此,技术训练体系庞杂而零乱,但对于因材施教是非常有利的。

4. 以单一拳种为流派

吸取他派的部分技术,但不改变其原本拳种的技术特征及训练架构和流程。因此,以拳种为流派者,其技术训练体系较为单一,但具有系统性。

5. 以民间组织为流派

以传统武术所在的组织为主要存在形式,较为具有代表性的有少林派、武当派。

(五)武术流派的地理分布

不同的武术流派,其地理分布也是不同的,下面就对北派、南派以及岭南武术流派的地理分布进行介绍。

1. 北派武术流派的地理分布

(1)少林派的地理分布。少林寺是中外闻名的少林武术的发源地,位于河南省登封县城西北嵩山的五乳峰麓。主要分布于河南、山西等省。

（2）通背拳的地理分布。通背拳主要分布于浙江省。

（3）太极拳的地理分布。太极拳主要分布于河南、河北、北京等省市。

（4）形意拳的地理分布。形意拳主要分布于河南、山西、河北等省。

（5）八卦掌的地理分布。八卦掌主要分布于山东、河北、北京、天津等省市。

（6）戳脚的地理分布。戳脚主要分布于辽宁省的沈阳市、河北省。

2.南派武术流派的地理分布

（1）峨眉派的地理分布。峨眉派主要分布于四川。

（2）武当派的地理分布。武当派主要分布于湖北、陕西、浙江的温州、宁波一带。

（3）咏春拳的地理分布。咏春拳主要分布于福建、广东等省。

3.岭南武术流派的地理分布

（1）虎鹤双行拳的地理分布。虎鹤双行拳主要分布于广东、广西一带。

（2）南拳的地理分布。南拳主要分布于广东、福建、湖北、湖南、四川、江西、江苏、浙江等省。

第五节　新时代武术的基本发展状况

一、传统武术发展的现状

（一）传统武术的活动广泛开展

随着近些年来我国民族传统体育逐步受到重视，作为传统体育项目之一的传统武术也得到了快速而全面的发展。全国以及区域性的传统武术比赛与年会等活动都相继开展起来,如国际形意拳交流比赛、郑州国际少林武术节、传统武术功力大赛等。这类传统武术活动的开展,不仅有助于传统武术在全国范围乃至世界范围进行宣传与普及,而且有利于扩大传统武术的影响力。

(二)传统武术的电视节目不断出现

随着科学技术的进步,电视媒体行业也得到快速发展,许多宣扬与展现传统武术的电视综艺节目也不断涌现出来,如河南电视台的《武林风》、河北卫视的《英雄榜》等。这些展现传统武术的电视综艺节目,不仅受到武术爱好者的热烈欢迎,同时也对传统武术起到很大的宣传与推广的作用。中央电视台于2007年5月推出的一档《康龙武林大会》电视节目,更是将武术类电视综艺节目推向了一个新的高潮。该节目的主要内容为传统武术的技击,通过武术竞赛的形式来对中国的传统武术进行展示。传统武术正是通过电视媒体的方式,实现了进一步的宣传与普及,同时也将传统武术的独特魅力展示出来。

(三)传统武术的参与人数不断增加

随着我国全民健身运动的广泛开展,健身思想的不断深入人心,越来越多的人民群众不断地参与到了健身运动之中。作为一项大众健身项目,传统武术也受到了人民群众的广泛欢迎,传统武术健身者在广大社区与公园之中随处可见。据有关数据统计,我国目前的传统武术练习人数达到两亿多人,这一数据是其他任何体育项目都无法比拟的,从侧面也能够反映出我国传统武术强大的生命力。

(四)传统武术的研究不断深入

随着传统武术的不断发展,关于传统武术相关的研究也逐渐深入。更多的学者逐渐开始重视对于传统武术发展问题的研究,

第一章 武术的基本知识

这些研究不仅为我国传统武术的不断发展提供了更加丰富的理论依据,同时也为传统武术在其自身不断发展的道路上提供了更为广阔的视角。

(五)传统武术的产品不断增多

伴随着对于传统武术理论研究的逐渐深入,有关传统武术的书籍以及音像制品等产品逐渐增多。通过这些传统武术相关的产品,能够提高并加深人们对于传统武术价值的理解与认知。可以这样说,传统武术的相关产品有力地推动了传统武术在世界范围内的普及与繁荣。同时,还要对传统武术产品繁荣背后的隐患有更加理性的认识,如传统武术产品缺少创造性与创新性等问题。

(六)传统武术逐渐走向国际化

我国传统武术从1991年的亚运会首次被列为国际比赛项目,其运动价值也得到亚洲各国的一致认可。而随着在亚洲各国不断开展武术套路比赛,传统武术的国际影响力也在不断地增强。而武术套路成为亚运会的固定比赛项目,不仅是对传统武术极大地推广,也是对中国传统文化的大力宣传,同时这也为世界竞技体育做出了巨大的贡献。传统武术不断地进步与发展,不仅走出了亚洲,而且日益国际化,并且为进入奥运会比赛项目而不断地努力。

总体看来,传统武术在近些年得到了快速的发展,同时也受到了多方面的重视,国内外多种形式的武术活动都极大地推动了传统武术的国际化进程。与此同时,我们还要对传统武术的迅速发展保持客观清醒的认识,传统武术在表面繁荣的同时,也伴随着其内在技击文化的消退。因此,当我们关注传统文化不断发展进步的同时,还需要重视其技术体系和价值判断的同步发展。如果单纯为了发展传统武术而将武术的传统抛弃,将技击的理念忽略,将其蕴含的传统文化淡化,就会导致民族本位的动摇,并最终使中国传统武术成为一项"濒临灭绝的非物质文化遗产"。

二、传统武术发展中存在的问题

(一)门派众多且技术繁杂

我国传统武术在自身的发展过程中演化出丰富多彩的表现形式,并且形成了多个武术派别、拳种与拳法等,其类别的复杂程度甚至很难用具体的数据来进行描述。这些复杂的状况,也为传统武术走向国际化造成了一定程度的阻碍。例如,我国传统武术常被国外统称为"功夫",而对少林拳、八卦掌、太极拳、形意拳、翻子拳、南拳、咏春拳等这类具体的拳种以及"倒撵猴、龙出水、懒扎衣、金钢捣碓"这些形象化的武术动作很难进行准确的介绍,从而导致传统武术在传授的过程中经常性地出现偏差与讹误。

此外,在武术的竞赛过程中有时会受到经济因素的影响,使许多武术运动员将原来的武术内容改头换面称为"新拳",这就对传统武术的正常发展产生了消极的影响。因此,要想使武术向积极的方向不断发展,就要对武术的内容、门派、拳种等方面进行合理科学的筛选,通过"去伪存真"来树立起传统武术的良好形象。

(二)缺少足够的理论支持

虽然近年来传统武术相关的理论研究逐渐深入,但是在传统武术的发展过程中,其相关的理论研究还是相当缺乏的,很多传统武术在学习过程中都很难寻找到足够的理论支持。我国的传统武术在明清时期的理论研究成果也只限于两方面:一方面形成了一个以阴阳五行学说为基本框架的古代武术理论体系;另一方面,各家拳种已逐渐形成了很多趋于相近的从择徒到训练等方面的理论共识。但总体来说,这些有关传统武术的理论都很含糊不清。

在新中国成立后,我国传统武术的主要流传方式依然是在民间。所以,对于传统武术的研究多为武术的技巧方面,很少有传统武术理论方面的研究。而民间的大多数传统武术拳师知识文化水平都很有限,其教授武术的方法也多为前辈所传,因此武术的传承基本是按部就班地进行,而很少在传承过程中进行思考与创新,加之缺少相关的武术理论,最终导致了武术传承过程中出现很多偏差。

总而言之,在传统武术的传承与发展的过程中存在严重的"重技术轻理论"思想,而正是由于这种重师传轻创新的方式,对我国传统武术的发展形成了很大的阻碍。

(三)武术市场比较混乱

由于我国传统武术的市场化时间很短,因此传统武术发展到现在仍没有建立起一个相对完整的市场机制,从而造成发展过程中缺少相应的规范与指导。在传统武术的市场里,有很多与传统武术相关的虚假信息,尤其是有些人通过武侠小说或相关影视作品,虚构出一些武术内容进行欺诈,从而使一些分辨是非能力不强的人特别是青少年受到欺骗。这些传统武术市场的不良现象,对传统武术的公众形象造成了极大的损害,同时也为传统武术的宣传与推广造成了一定程度的消极影响。如果不采取果断措施对这些混乱现象进行及时整顿,那么传统武术就可能失去正确的发展方向。

第二章 新时代武术价值的发展研究

武术价值是武术的重要组成部分,也是其重要的内涵之一。当前,武术之所以能够有越来越好的发展态势和发展前景,与其显著的价值不无关系。在新时代,武术价值已经不仅仅局限于之前的传统价值了,其与现代社会发展与需求相适应,也有了一定的发展。本章主要对近现代武术价值的发展与变迁、新时代武术价值观的认知以及新时代武术价值系统的构建进行了研究,由此,能对武术价值的发展有更加系统化的了解与认识。

第一节 近现代武术价值的发展与变迁

一、近代武术价值的发展与变迁

近代武术价值的发展与变迁,可以大致分为三个时期,即鸦片战争前后、民国成立期间以及抗日战争爆发期间,每个时期所体现出的武术价值是有所差别的,具体如下。

(一)鸦片战争前后的武术价值

鸦片战争爆发后,中国从此开始了近代化的征程。鸦片战争不仅让昏庸的清政府认识到了西方列强枪炮的威力,也使中国人逐渐意识到武术近身搏斗的局限性。尽管在这一时期,西方列强的大量入侵,使得中国社会发生了一定程度的改变,然而由于中国经受了长达几千年的传统文化的浸染,民族文化根深蒂固,中

第二章　新时代武术价值的发展研究

国社会的各个方面并未发生巨大的变动,武术也是同样如此。从总体上来说,鸦片战争前后,中国武术价值发生了一定的变化,具体来说,主要表现在以下几个方面。

1. 武术军事价值

鸦片战争的爆发将昏睡多年的清政府震醒了,这就使得清政府对西方文明和科学技术的先进性和优越性有了进一步的了解和认识,从此走上了向西方模仿、学习的改革之路。但是,清政府的这种学习和模仿的步伐是非常缓慢的,这主要在军队武器装备及训练方式的变化上有所体现。

晚清时期,在清政府的正规军队中,冷兵器和热兵器是都存在的,其中,70%的清军士兵都装备有刀、矛、斧、戟等冷兵器。也配有一部分的枪炮,但大都属于一些简陋的武器。在当时的军事训练中,武艺操练是其重要的内容。

鸦片战争后,社会矛盾空前加剧,民不聊生,这就在一定程度上将中华儿女反抗帝国主义和清朝统治的斗争激发起来,其中,三元里抗英斗争、太平天国运动和义和团运动是比较有代表性的几个。这些团体都是来自于民间的自发组织,都采用武术组织的形式,在这一时期,武艺在对抗侵略者和清政府的斗争中起到了非常重要的作用。

鸦片战争后,尽管引入了新式武器,军队内装备火器的数量增加,训练方式也发生了一定程度的变化,但是,传统武器配备和训练的方式却并没有在根本上得到转变,武术在军队中仍然发挥着极为重要的作用。换句话说,就是武术的军事价值在当时依然是其主要的价值。

2. 武术教育价值

在武术发展之初,武术与军事是有着非常密切的联系的,但随着社会的不断发展,武术发展的主流开始逐渐转向民间,民间习武的现象较为普遍,社会上一些团体都通过民间武术的组织形式,来聚集群众和训练队伍,在当时的社会环境下,一股尚武之风逐渐形成。从某种意义上来说,武术的教育价值在三元里保卫战中得到充分的体现,不仅将中华民众对于自身的民族情感以及不畏强暴、敢于斗争的尚武精神充分表现出来,而且还将无数中华儿女保家卫国的决心有效激发出来。

3. 武术健身价值

经过长时期的发展,武术发展到近代所具备的价值和功能已经并不单一了,并且其发展体系也日益完善。从鸦片战争开始,武术作为反侵略反封建压迫的战斗手段,得到了空前的发展。而发展到近代,武术形成了众多的拳械门派和练功法,并且仍然处于不断发展变化的过程中。

经过长久的发展,武术在民间已具备了良好的群众基础。在鸦片战争期间,由于西方列强的入侵,使得民族矛盾空前紧张,武术已经成为越来越多的中国民众抵御外敌入侵的重要手段,从某种意义上看,这也在一定程度上达到了强健民众身体的作用,因此,武术的健身价值也得到了一定程度的发展。

4. 武术娱乐价值

在鸦片战争后的一段时期,武术的发展所受到的影响还是较小的,武术的表演观赏价值仍然不断地向前发展着。同以前一样,民间武术仍然存在着较大的发展空间,武术的观赏娱乐价值也得到一定的体现,并获得了不错的发展。

(二)民国期间的武术价值

民国期间,武术价值也得到了一定的发展,具体来说,主要体现在以下两个方面。

1. 军事价值逐渐弱化

《辛丑条约》签订之后,中国便彻底沦为了半殖民地半封建社

第二章　新时代武术价值的发展研究

会。在这一时期,枪炮的出现使训练的方式得到了一定的改变,加上武举制的废止,可以说,武术基本上退出了军事技术的范畴,其军事价值大为削弱。

2.教育价值及军事价值受到压制

晚清时期,清政府对民间的习练武艺采取了取缔打击的策略,这就在一定程度上压制了武术的发展,武馆被取消或淘汰,社会上人们练武的情形也逐渐消失,可以说,武术的教育价值受到了很大程度的压制。

由于受义和团运动的打击,清朝统治者对民间习武更加恐慌,并且做出了民间不准存置兵器的规定,这就在一定程度上压制了武术器械套路的发展。除此之外,政府对军事的改革使得武术在军队中的作用也被大大削弱,因此,这就在一定程度上对武术的军事价值进行了限制。

（三）抗日战争爆发期间的武术价值

在这一时期,武术的教育价值、健身养生价值以及竞技观赏价值都有了一定的体现和发展,具体如下。

1.武术教育价值

这一时期的武术教育价值得到了很大程度的提升,究其原因,主要是由于辛亥革命爆发后,我国社会不断发展,但这一时期帝国主义的侵略更加肆无忌惮。随着民族危机的日益加深,社会各界人士对强身健体的手段尤其是中国传统武术的重视程度越来越高,这就对武术教育价值的提升起到了积极的促进作用。

在这一时期,武术教育价值的提升还在武术进入学校课堂,成为学校教育的重要组成部分上得到体现。在教育部颁布的体育课程标准中,对武术的内容及课程设置都做了相关的规定,武术的教育价值也得到社会各界的广泛认同和接受,可以说,其在增强国民的体质和塑造完善的人格方面起到重要的作用。

2. 武术健身养生价值

健身强体的价值是武术本身所具有的重要价值,因此,是最先受到关注的一个重要价值。在这一时期,武术运动之所以能够得到发展,与习武健身、强国强种的思想有着不可分割的联系。

在抗日战争期间,人们大多都是以政治的观念来认识武术的健身养生价值。武术的这一价值在当时也得到了一定程度的发展。

这一时期,人们开始利用解剖学、心理学的知识来对武术的健身养生价值进行进一步的了解和认识。这不仅为武术健身养生价值的发展提供了必要的理论基础,同时也为武术价值的传播与发展起到了积极的促进作用。

3. 武术竞技观赏价值

在这一时期,由于政府对武术采取了一定的限制措施,因此就使得武术的发展状况要稍差于之前,这也在一定程度上影响了武术的观赏娱乐价值。所以,武术观赏价值的发展并没有取得很好的成效。

抗日战争期间,西方体育文化大量传入中国,新旧思潮的碰撞,在一定程度上改变了社会民众的审美观念和价值取向。在西方体育文化的冲击下,武术被迫在形式和内容上做出了一定的变革,由此,武术的价值取向也发生了一定程度的变化。这主要在马良的新武术、武术进入学校课堂、城市武馆的广泛开设等方面得到体现。但随着武术朝着竞技化、体育化的方向发展,其竞技观赏价值仍然被彰显了出来。

二、现代武术价值的发展与变迁

现代武术价值的发展与变迁主要表现在新中国成立后和改革开放后。其中,新中国成立后,我国的体育事业进入了一个新的发展阶段,而作为体育的重要内容,武术的发展也进入了一个

第二章 新时代武术价值的发展研究

新的征程,不论武术的活动形式,还是价值功能和社会地位都发生了深刻的变化。特别是改革开放后,武术的价值更加丰富多彩,这主要从以下几个方面得到体现。

（一）组织化、国际化发展趋势下的武术价值

进入现代社会后,武术发展得越来越快,高度的组织化和国际化就成为其发展的一个显著特征。在这一时期,各类武术协会、群众性武术社团以及国际性武术组织相继建立,武术组织及竞赛体系逐步完善和健全,武术朝着现代化方向大步发展。在国际交流与合作日益加深的背景下,中国武术代表团积极出国访问交流,对国际性武术组织的建立,以及各种各样的国际武术比赛的举行起到了积极的促进作用,同时,也将武术的艺术性、技击性、健身性等价值充分彰显了出来,并且得到了国际友人的广泛认同。

（二）科学化发展趋势下的武术价值

在现代条件下,武术科研机构的成立,武术学科的不断发展,都在很大程度上促进了武术方面的研究,各种武术专题研讨会越来越多,各种武术书刊杂志相继出版发行,这些都对武术的现代化发展起到了积极的促进作用。此外,国际竞技体育形式推进了散手、推手比赛的脱颖而出,武术的实战技击价值得到了专门的强化,在这样的情况下,武术走上了科学化发展的道路,与此同时,武术价值的发展也逐步同时代接轨,并且得到了更加顺利的发展。

（三）社会化发展趋势下的武术价值

20世纪80年代后,由于受到思想解放和文化传播的影响,全国掀起了一股"武术热",尤其是1982年召开的第一次全国武术工作会议提出大力开展各种形式的群众武术活动,允许民间开办武术馆校授拳传艺,使得之后短短几年中各种武术馆和新型

武术学校应运而生,形成了一个广阔的社会活动空间,这就在很大程度上对武术的社会化进程起到了积极的促进作用。而到了20世纪80年代初,武术影片《少林寺》的上映,也为武术社会化的发展起到了积极的推动作用,使得之后武侠影视片大量拍摄放映,并与新派的武侠小说一起成为推进武术社会化的重要文艺手段,进入21世纪后,武术的这种技击与娱乐价值仍然获得了不断向前发展的动力,各种影视作品相继出现,这也将武术技击与娱乐二元统一的时代特征充分体现了出来。

(四)产业化发展趋势下的武术价值

随着市场经济的不断发展,武术也逐步走上了产业化发展的道路。20世纪80年代,国家体委曾先后将"开发武术资源"以及"以武养武"的发展策略提出来,到1989年,国家体委正式决定把包括武术在内的6个单项协会实体化,允许进行经营开发、搞经济实体。因此这一时期,各种打着"武术搭台,经贸唱戏"的战略口号集武术活动与旅游、经贸于一体为活动特征的国际武术节或者文化武术节相继出现。它们以武术活动为形式,以经济活动和文化交流为内容,不仅对武术运动的蓬勃开展起到了积极的推动作用,同时,也使地方和外界的经济技术交流与合作得到进一步的加强。由此可见,这是商品经济的催化作用使得现代武术呈现出了一种多元价值的发展格局。① 进入21世纪后,武术产业化发展程度越来越深,一个相对比较完善的产业化发展体系也逐渐建立起来,因此,就从不同程度上将武术的技击、娱乐、健身、教育等价值彰显了出来。

---

① 路祎祎.史论民间武术价值功能的嬗变[D].北京:北京体育大学,2013.

第二节　新时代武术价值观的认知

一、武术价值的基础认知

（一）武术的价值

武术是中国古老的一项民族传统体育项目,武术从一个赤裸裸的狩猎、战争发展为一个具有多元功能的以内外兼修、术道并重、具有丰富中国传统文化内涵的中国传统体育项目。一个事物存在自然有它存在的道理,中国武术也不例外,它具有许多长处和丰富的文化内涵,同时具有鲜明的价值。武术的价值,就是凝结在武术发展运动中的精神和物质对我们社会所产生的积极影响和作用的总和,它是武术存在、发展、进步的标志。中国武术植根于中国传统文化沃土,蕴含中国哲理之奥妙,由此又形成了内涵很广、层次纷杂的庞大理论体系,同时也就蕴含了哲学、文化、医学、养生、军事、美学及体育等要素。总之,中华武术具有社会价值属性和体育价值属性两大内容。当然依据武术的价值功能特性,也可将武术的价值形象分为生命价值和工具价值两个层面。

（二）武术价值的本质

武术价值是从人与武术之间的某种关系中产生的,用来表示武术与人的一种关系,这种关系在本质上就是武术对人有用或使人愉快等属性与人的需要的特定关系。武术价值的本质有三个要点:来源于武术、取决于人、产生于实践。武术价值来源于武术,是说武术作为武术价值的载体和发展的客观条件,具有满足人的物质、文化需要的属性;而人满足自己生存和发展的需要,是与动物的本能生存需要根本不同的,人不能单纯地依靠大自然的恩赐,必须把武术作为自己生存手段依靠自己的实践活动去创造,在外部世界中利用武术来满足自己的生存和发展的需要。

武术价值取决于人,是说武术价值虽然来源于武术的一种属性,但它绝不取决于武术,而是在武术属性同人的需要发生一定关系时产生的。没有主体人的需要,或者说没有与不同主体需要联系起来,就不会有价值。武术有许多属性,但它只不过是价值的物质承担者,而不是价值本身。价值是通过人这个主体的创造活动才实现的。就是说,主体的活动纳入客体属性之中,客体才产生价值。

武术价值产生于实践,是说价值既不单纯来源于客体,也不单纯取决于主体,单纯的主体需要本身并不是价值,需要本身并不能形成或产生价值,武术只有同主体人的需要发生关系时才能形成或表现为价值。

二、武术价值观的认知

(一)价值观

1. 价值观的定义

价值观是社会成员用来评价行为、事物以及从各种可能的目标中选择自己合意目标的准则。价值观通过人们的行为取向及对事物的评价、态度反映出来,是世界观的核心,是驱使人们行为的内部动力。它支配和调节一切社会行为,涉及社会生活的各个领域。价值观是人们对社会存在的反映。人们所处的自然环境和社会环境,包括人的社会地位和物质生活条件,决定着人们的价值观念。处于相同的自然环境和社会环境的人,会产生基本相同的价值观念,每一社会都有一些共同认可的普遍的价值标准,从而发现普遍一致的或大部分一致的行为定势。但就社会和群体而言,由于人员的更替和环境的变化,社会或群体的价值观念又是不断变化着的。传统价值观念会不断地受到新价值观的挑战,这种价值冲突的结果,总的趋势是前者逐步让位于后者。价值观念的变化是社会改革的前提,又是社会改革的必然结果。

2. 价值观的性质和作用

价值观是指关于价值的特殊观念系统。进一步说,它是人们在处理价值问题,特别是那些普遍性价值问题所持的立场、观点、态度的总和。价值观特有的形式,是人们头脑中有关的信念、信仰和理想系统。在现实生活中,无论是社会的经济、政治、道德和文化领域,还是个人生活的方方面面,都普遍地存在着价值问题。人们如何理解和对待这些问题,内心深处究竟相信什么、需要什么、坚持和追求什么,都是价值观所特有的思想内容。社会意识归根到底反映社会存在。人们有什么样的价值观,是同他们有什么样的社会地位、生活方式和条件相联系的,是基于自身利益和需要的产物。正因为如此,作为人的有意识的选择和追求,价值观就有了自觉与盲目、真实与虚幻、先进与落后、正确与错误等性质和程度上的差别。价值观对主体的行为有着深层的导向作用。人的信念、信仰、理想总是像心目中的"坐标""天平"和"尺子"一样,随时都在起着价值判断的作用,以确定自己行为的方向、态度和方式。在现实生活中,人们总是尽可能地按照自己的价值观去生活,有什么样的价值观就有什么样的精神面貌和行为取向。同时,国家和社会也有自己的主导价值观。一个社会的主导价值观是该社会所特有的文化、文明的精神实质和显著标志,是它赖以维系的精神支柱,也是社会决策的动机和目的之所在。正因为如此,价值观在思想文化建设中往往占有核心和基础的地位。

(二)武术价值观的概念

武术价值观,指的是人们基于武术对个人或社会的意义及功能的认识而产生的一种思想体系。它可分为个人价值和社会价值两个方面,个人价值又可分为壮内强外的健身价值,防身制敌的攻防价值。从社会价值来看,武术具有培养中华民族精神的教育价值和保家卫国的军事价值等。

（三）武术价值观与武术的发展

人的一切行为是在价值观指导下完成的,许多社会事物的运动与变化都以特定的价值观作为驱动源,因此,研究武术价值观是武术自身发展的需要,一旦解决了价值观的问题,就为解决复杂社会需要与武术发展方向问题奠定了理论基础,为实现武术的可持续发展创造有利的条件。世界是发展的,社会是进步的,全世界人们的需要是向高层次的需要发展的。对于武术的发展要树立正确的价值观,武术本身就是发展的,更要以发展的眼光看待武术发展过程中出现的新形式和新内容,并以适应人们发展着的需要为方向对武术进行改革和创新。在对武术进行创新的过程中,要研究世界的发展趋势将对武术提出的新的需要,不拘泥、不死守、不过分强调某一单方面,以满足人类更高层次的需要来发展武术。因为,武术只有不断发展才能更好地实现其应有的价值。

第三节　新时代武术价值系统的构建

一、武术价值系统的含义

辞海中关于系统有这样的解释:"由若干相互联系和相互作用的要素组成的具有一定结构和功能的有机整体。"贝塔朗菲说:"当我们讲到'系统',我们指的是'整体'或'统一体'。"因此,根据这一理解,可以将武术的价值系统定义为:武术价值中相互关联、相互制约的各部分以一定形式联结构成的具有一定新功能的有机整体。

从武术价值系统的定义中可以看出,它是一个整体,这个整体是由系统各元素组成的。武术价值系统内部元素及组成方式,

第二章　新时代武术价值的发展研究

在不同的时期是有一定差异性的。因此,需要不断对武术价值系统进行研究,从而使其得到进一步的改进和完善。

二、构建武术价值系统的理论分析

(一)武术价值的多样性

武术在长期的发展过程中,逐渐形成了自身独特而又多样性的价值。例如,武术缘起于狩猎及生产活动,后来被应用于军事训练之中,逐渐体现出技击防身的价值;"宴乐兴舞"体现了武术的娱乐价值;"路歧人"体现了武术的表演价值、娱乐观赏价值和商业经济价值等;武术拳种、派系众多,这又体现出武术的多元文化价值。一般来说,武术价值的多样性主要表现在三个方面:即来源于客体、取决于主体、产生于实践。在人类社会不断发展的过程中,物质文化和精神文化等得到不断的丰富和发展,这种丰富性在很大程度上使得武术价值也具有了丰富性、多样性的特点。

(二)武术价值的关联性

武术价值的关联性是指构成武术整体价值内部诸要素的相关性。武术价值具有丰富性的特点,技击价值、军事价值、娱乐价值、健身价值等都是武术重要的价值要素,这些要素之间存在着相互联系、相互作用的关系。如武术具有技击性才应用于军事训练之中,而其军事价值利用的则是武术的技击功能,而人们通过技击练习则能改善身体机能,具有健身的价值。由此可见,武术价值是由各种价值要素组成一定关系的"集合",尽管武术本身存在着多种多样的价值,但它们之间彼此联系,按照一定的方式和顺序,相互联系,相互依赖,相互制约,相互作用,从而形成一个结构完善的有机整体,这就是武术价值关联性的体现。

（三）武术价值的等级结构性

从等级结构上说，当一类价值满足了人的低级需要和生理需要后，另一类价值便随着人们的需要逐渐显现出来，称为高级需要。通常情况下，当人的低层次需要得到满足后，它的激励作用就会普遍降低，其优势地位便不复存在，高层次的需要将会代替低层次的需要。

在奴隶社会时期，战争不断，为了适应实战的需要，武术开始向着实用化和规范化的方向发展，这时其技击价值就充分凸显出来。一般来说，武术健身、技击价值的发展是因为人们生活的需要，期望人身安全不受侵害，私有财产受到保护等，可以说，这种价值是低层次的价值。后来，随着社会的不断发展，社会趋于稳定，人们也基本满足了素质的需求，这时就产生了武术健身和娱乐的需要，从而促进了健身武术和艺术武术的发展。通常情况下，人们各层次的需要之间是相互依赖与重叠的，高层次需要的产生与发展，并不代表低层次的绝迹，只是低层次的行为影响相对弱化了而已。总之，伴随着人们的需要由低级需要向高层次需要发展的过程中，武术就呈现出了等级结构性的特点。

（四）武术价值的动态平衡性

纵观武术的整个发展史，武术的发展总是与人的需要发展之间形成一种动态的平衡。这种平衡主要体现在以下两个方面。

一方面，武术在满足了人的基本需要后，在一定阶段就会保持相对稳定的状态，人的需要也呈现出相对的平衡性。

另一方面，人的需要是随着社会的不断发展而处于不断变化之中的，伴随着人的需要的动态变化，武术价值也呈现出动态变化的特征。在现实生活中，随着人们认识事物能力的增强，以及实践能力的发展，必然会产生各种各样的需要；而需要产生后，又反过来推动人们进一步去认识和利用事物，去建立或拓展新的价值关系领域，武术价值的动态平衡性就是在这种过程中建立和形成的。

三、构建武术价值系统对现代社会发展的作用

构成武术价值系统的要素是多方面的,而每一个构成因素在现代社会发展中都有所体现,也就是说,构建武术价值系统对现代社会的发展具有重要的意义,归纳起来,其意义主要体现在以下三个方面。

(一)塑造良好的民族精神

众所周知,武术具有重要的育人功能,通过这一功能,可以培养人们不息、不淫、不移、不屈的民族性格,使其身心都得到全方位的发展,从而为社会主义的和谐发展贡献力量。纵观整个历史发展的进程,一个民族要想复兴和富强,必须发展生产力,但是绝不能"唯生产力",具体来说,就是发展生产力是振兴民族的基础,具有非常重要的作用,但是,这并不是唯一的。要想使民族得以发展,需要具备两个方面的条件:一是发展生产力,二是要具有强悍的民族性格。没有强悍性格的民族不但不能创造出人类文明,甚至连自己的民族都保不住,归根结底,世界文明的竞争是民族性格的竞争。

武术具有多方面的价值,通过武术的学练,人们能够塑造出良好的精神和意志,这具体表现在以下几个方面。

第一,不仅能防病健身、塑造强健体魄,而且还有助于坚韧不拔、锐意进取精神信念的形成。

第二,能够培养出忠、义、正、信、刚、毅、勇、诚的价值观念和以仁、宽、恕、礼、让为行为品格。

第三,有助于不息、不淫、不移、不屈等中华民族精神的弘扬与发展,有助于和生、和处、和立、和达、和爱等全新理念的形成。在这种氛围中培养出的民族优秀人才,能为社会的和谐发展做出重要的贡献。

(二)促进武术与整个社会的和谐发展

武德是武术非常重要的一个方面,武术不仅培养习武之人的"仁、智、礼、义、信"等思想,同时也培养人的爱国之德、处世之德和侠义之德。武德的培养对人们遵守社会公德起着重要的促进作用。

从传统武德的学习过程中可以看出,其对习武者追求高于物欲的精神价值有着一定的教育作用,对于人与人、人与自然、人与社会的和谐发展是较为有利的。而武德绝不仅仅限于武术界,应该将其在各个行业中进行推广,这对于整个社会的和谐发展具有重要的推动作用。

(三)促进和谐社会的构建与发展

"民族精神是一个民族的生命力、创造力和凝聚力的集中体现,是一个民族赖以生存和发展的核心与灵魂。"可以说,民族精神对于一个民族、社会的发展起着至关重要的作用。李翔海在《和谐社会建构:以中华民族精神作为内在动力》一文中也指出了民族精神的重要性:"只有充分凸显民族文化精神的主体性,我们才能完成在当代中国建构和谐社会的历史任务,以作为中华民族赖以生存和发展的精神支撑。中华民族精神作为建构和谐社会的内在动力,无疑是民族文化精神主体性的重要体现,也只有如此,才能进而实现和谐社会的成功建构。"[1]

武术历史悠久,在长期的发展过程中,武术成为中华民族精神的重要表现形式。具体而言,武术价值系统对和谐社会构建的意义主要体现在以下两方面。

1. 促进和谐社会传统文化的发展

对党的十七大精神进行贯彻与落实,促进和谐社会文化的发

---

[1] 李增博.现代社会中武术价值系统的构建研究[D].武汉:武汉体育学院,2012.

第二章　新时代武术价值的发展研究

展与繁荣,就要对非物质文化遗产加以积极发展与保护。在党的十七大报告中,胡锦涛总书记对中华文化的重要性不断加以强调,指出中华民族自强不息、发展进步的强大动力就是中华文化,强调对中国传统文化加以全面认识,吸收精华部分,对落后消极文化加以摒弃,使中国传统文化适应当代社会与现代文化的发展,保持传统文化的民族性,促进其向时代性方向发展。这就要求挖掘与整理、保护与传承各民族文化的工作要不断加强,重视保护非物质文化遗产。

武术是我国中华民族传统文化的一个重要组成部分,其历史悠久,是我国的一个重要标志,也是人类宝贵的精神财富与文化遗产。我国各个民族的生产活动、宗教信仰等是武术的主要来源。武术的文化内涵都是极为深刻的。人民大众的智慧也可以从武术中反映出来。所以,对我国武术积极加以保护与传承,不仅能够促使我国传统文化内容的丰富,还有利于我国和谐社会传统文化不断向前发展。

2. 有利于积极健康社会氛围的形成

运动水平、年龄以及规则等因素对武术的影响较小,因此,参与武术运动的人可以自身需要为依据,对具体的武术项目进行有目的性的选择,对这些项目的规则也要灵活加以运用。武术运动对人的积极心态的培养比较注重,鼓励人们积极参与武术运动、勇于探索与创新。

武术运动对输赢与竞技看得很淡,对体育的审美与娱乐比较重视,不管是成功还是失败,都是一笔宝贵的经验与财富。武术文化鼓励人们通过参与体育来热爱生活、享受生活,积极促进自身人格的完善,这是和谐原则(以和为贵)的重要体现。武术运动同样强调对集体主义与责任的重视,引导人们要先他人后自己、先社会后自己,以此来保证协调发展的自然与均衡稳定的生活。因此,对武术文化的保护与传承能够促进积极向上和谐健康的社会氛围的形成。

3. 丰富社会生活情感

和谐社会的价值内涵中,包含多姿多样的生活内容和充实欢快的精神生活。和谐社会的构建过程中,人们不仅仅只是对名利加以追求,休闲娱乐的生活方式更多地被人们所关注,要保障生活方式的高质量,就必须懂得享受丰富的物质生活和充实的精神生活。

武术运动在社区或公共区域的开展,不但有利于学习、工作与生活压力及疲劳的缓解与消除,更有利于促进人与人之间的相互了解与沟通,有利于人们积极参与社会活动,促进人际关系的改善与和谐,凸显人的社会性特征。武术的群众基础较为广泛,而且娱乐功能强大,受时间、地点与年龄性别的限制很小,开展起来比较简易方便。总之,武术有利于促进人们日常生活的丰富多彩,有利于人们之间情感的调节与和谐,从而有利于加快和谐社会的构建进程。

总的来说,武术所倡导的是诚信守义、厚德载物、自强不息、爱国保家、勤劳勇敢的价值,这些价值对推动和谐社会的发展具有重要的意义和作用。

第三章　新时代武术技击价值及其科学发展研究

武术的价值是多元化的,自其产生,技击价值就已经出现了,因此可以说,技击价值是武术的本源价值,是最原始的价值。发展至今,古代武术的技击价值已经发生了非常大的变化,这也反映出了新时代武术与社会发展是越来越相适应的。本章主要对武术技击价值的渊源、武术的技法原理、技击动作与价值体现,以及新时代武术的竞技化发展等进行分析和研究,由此,能对武术技击价值有一个纵向的总体认知。

第一节　武术技击价值的渊源

一、武术技击价值的社会渊源

（一）原始技击

技击技术在原始时代时人们的生存竞争中就已经存在了,只是当时并没有系统地将其总结和归纳,更多的技击技术表现出一种实战的需要,如人与人的搏斗、人与兽的对抗等。"上古之世,人民少而禽兽众"（《韩非子·五蠹》）,"往古之时,……猛兽食颛民,鸷鸟攫老弱"（《淮南子·览冥训》）,"封豨、修蛇,皆为民害"（《山海经》）。

当时的技击行为主要有两种,一种是简单的徒手搏斗;另一种则是使用一些器械参与搏斗。从实战的角度上看,使用器械的搏斗明显比徒手搏斗要占到更多的"便宜",但在原始时代中,能够作为武器使用的器械并不算多,尽管有,其质量也不足以满足所需。鉴于此,徒手技击技术仍旧是最为基础的搏斗技法。

在徒手搏斗中,必然产生奔跑、跳跃、闪躲、滚翻、拳打、脚踢等动作;运用器械的搏斗过程中便产生了击、刺、砸等技巧,同时也促进了武器的发明和改进。例如,在60万年前的"北京人"遗址中,就发现了大量的石锤、石刀等石器和少量锐利的骨器,很显然这些物品都是原始人生活的必须工具。

原始人伴随着战斗而生,在如此一代代的传承中,许多有益的搏斗经验被保留下来,然后经过长期的积累,逐渐形成击打、劈刺等方面的技巧。当在实践中形成了对某些状态相对稳定的实用动作和攻防技巧时,搏斗中便会逐渐产生运用这些技巧的技击观念,如面对低矮的人或猛兽可以主要攻击头部;面对高大的人或猛兽可以重点攻击下盘。于是,技击的意识就有了萌生。

前面也说到了原始技击在技术层面还是一种简单的人类本能,并没有鲜明的技术经验传承现象。此阶段为技击的萌芽期。理论上认为,只有人与人的搏杀格斗,才能够使技击攻防的这对矛盾体不断演化提高,这才符合技击技术发展的逻辑本质,因此,技击主要是指人与人之间的搏杀技巧。

总的来看,原始技击术的内容与特征只是一个简单的雏形,各种技击技术没有形成一个系统性和规范性的内容,并且仅仅是从外在上看也显现出极强的粗糙感,产生的技击没有系统的技术体系与训练流程,更没有明确的技术传承。因此,此时的技击行为只是人类本能的表现,还称不上"术"。后来的人们随着社会阶段的发展和需要,逐渐将一些有效的攻防格斗技术进行总结、传授和演练,技击也就由本能的自卫活动跃迁为有意识的技击技术,便形成了专业技击的萌芽。当然,原始技击的形式未必只存在于原始时代,这种更加趋于本能式的"格斗"在现今也依旧存在,如那些没有经验传承的街头打斗,或是幼童随意的打斗等形式都属于此类。

(二)远古技击

随着人类社会的发展,许多事物也随之一并发展。技击技术就是其中的一项,即原始技击进入到了远古技击时代。

所谓"远古"时代,主要是指人类社会慢慢形成具有一定组织及规模的氏族或部落,但尚未形成国家这个具备完善统治体系。与原始技击技术发展不同的是,远古时期的技击技术发展中已经出现了较为明显的技击技术传承现象,即由父辈将技击技术传授给子辈,其技术层次已经不只是人类的格斗本能。

(三)古代技击

承接远古技击的时代是古代。纵观我国武术的历史,古代技击是武术运动大发展时期。所谓"古代技击",约指人类社会随着氏族部落间的相互吞并,慢慢发展出具有完善组织与明确制度时的技击对抗。随着部落的形成以及不同部落之间连年不断的吞并与分割,国家慢慢形成,并随着社会发展先形成了奴隶制国家,后形成了封建制国家。但不论国家的形式为何,国防都是统治阶层非常重视的国之要务。为此,技击技术逐渐由远古技击,进化为技术层次较高的古代技击。

在古代技击阶段,技击行为除了可以满足人类安全的需要,产生了以人与人斗为主的防卫技能外,更重要的意义在于它符合国家发展的需要,且对国家之间的军事对抗活动提出了更高的要求。这些在客观上促进并丰富了技击技能的进一步发展,如国家发展的需要形成了对宗教、教育、娱乐等方面的进一步需求,其中最为典型的要数由徒手技击技术衍生的"武舞",由器械技击技术衍生而来的"剑舞"等,除此之外还有许多各类型具备竞技特性的技击性的活动。

（四）近代技击

在谈到近代技击时首先需要明确一个概念，那就是近代技击产生的时期并不是在历史时期中的"近代"。所谓的"近代技击"，约是指火药发明之后，逐渐发展到成熟时期的技击。就我国的武术来说，它更看重对人本身能力的发挥，而对于火器并不是非常看重。正是鉴于这种思想的存在，使得我国尽管是火药的发明国，但是在火器方面的发展却远远被西方甩在身后。因而，传统的作战格斗技术在军事对抗上虽仍占重要的地位，但已受到一定的冲击，随着火药的日益成熟，技击的军事价值受到严峻的挑战。

受到挑战并不代表传统技击面临着消亡和不受关注，近代技击仍旧以较快的速度发展着，如我国宋朝时期，部分军队中的教头已开始大量流入民间，客观上起到了促进民间技击的发展。此时，取而代之的是民间的乡团自卫活动及个人的比武较技，因此，相对于以冷兵器为主的军事技击术，民间的技击术慢慢重要起来。就我国的技击运动发展而言，武术从宋代逐步地由军事技击发展成为具有健身、娱乐性质的运动项目。随着时代的发展，军事技击术大量流入民间，并在多位开创者的改进及传承下，慢慢形成了各种体系庞杂、技术内容相对完整的门派，使得民间技击性运动日益蓬勃发展。

近代技击是我国武术技击技术发展最为鼎盛的时期。而西方在传统实战技击方面的发展早已随着火药技术的进步而没落。从这个方面来看，西方更加看重在实战当中的"效率"，避免在实战中与对手近身比拼技击技术。而我国武术仍旧发展出更多的门派，仅有少数的技击术因贵族们的娱乐需要，而以技击性运动的竞技模式保留了下来。

据历史文献记载，我国传统技击发展出众多的门派，在明代时，武术门派的数量达到顶峰，我国武术展现出了百花齐放的盛景。正是由于这些武术门派的存在及活动，使得武术技击的丰富内容得以完备和拓展，形成了具备功法运动、套路运动及技击运

第三章 新时代武术技击价值及其科学发展研究

动于一身的现代武艺。

(五)现代技击

现代技击,是指技击不再成为军事及民间搏杀自卫主体的发展阶段。

现代科技日新月异,火药及其他种类的杀伤性武器成为战场的绝对主角。因此,在这种背景下,传统实战技击的时代价值大为降低,应用场合非常之少,军事价值可谓为零。特别是在现代战场上,几乎已经见不到人海冲锋战术和白刃战了。因此,此时冷兵器几乎完全退出了军队的军事技能训练体系,进而使得民间的乡团自卫活动及个人之间的比武较技活动也受到严峻挑战,此时社会上便有了所谓"技击无用论"的出现。不过这种理论也主要是从军事角度上讲的。

实用性的降低使得原本蓬勃发展的东方技击,尤其是中国武术技击的本质发生了改变,很多门派已转变了练武以为实战搏杀之用的理念,更多的开始朝习武健身方向发展。在缺乏技击术追求技击效果的强烈诱因的情况下,许多传统民间的技击流派因为失去目标而显得极为松散。因此,传统民间的技击运动,在实战技击特性方面虽继承了古代千余年来实战搏杀的诸多经验,拥有世界上最完备的技术体系及训练方法,但从此传统技击中也开始掺杂了更多花拳绣腿、艺术感强烈及玄秘的成分。

总的来说,当技击技术来到现代后,我国武术技击的发展可分为早期与晚期两个阶段。

(1)早期阶段。在现代技击的早期阶段,民间技击术中被加入了许多体育化元素,因此也就宣告了已经完全取代了过去仅为追求技击效果为唯一目标的技击术,武术的竞技性和健身性成为了技击发展的主流。

(2)晚期阶段。在现代技击的晚期阶段,由于民间技击术慢慢转化为竞技性的技击运动,因此,具有明确竞赛规则的竞技性技击运动已慢慢成为现代技击运动发展的主流。于早期阶段不同的是,晚期阶段中武术竞技性增添了更多的规则性和系统性元素,可谓是早期阶段的一个升级。这也为后来武术成为了一项体育竞技运动打下了坚实的基础。

武术技击价值的转变使过去一向成为军事性技击的价值几乎完全丧失,因此徒手技击的重要性明显优于冷兵器时代,如冷兵器的发展,除了刀、枪、剑、棍等几项主要的兵器外,其余如斧、钺、钩、叉等兵器几乎销声匿迹,即便偶有出现也仅在一些特殊的表演场合亮相,鲜有应用到实战技击中。至于西方社会的技击的发展,早在近代技击阶段就已经开始衰退了,于是便也就不存在代表性一说。直至现代奥林匹克运动兴起,部分具有技击特性的运动项目才开始在西方蓬勃发展起来,在这方面,西方一直落后于东方。

武术技击类运动尽管风靡全世界,但由于多种原因导致其在国际体育竞赛领域还没有完全站住脚跟,最为典型的例子就是包括武术、自由搏击、推手、中国式摔跤、相扑、擒拿、泰国拳、跆拳道、剑道、合气道等诸多技击术并未能成为奥运会,甚至亚运会的正式比赛项目。

二、武术技击价值的人本渊源

国父孙中山先生曾经提出"民生是社会进化的重心"的观点。细细品味这句话,可以了解到这个观点明确说明了需要是社会进化的动力,同时也是人们能够坚持不懈向更高层次前进的动力。为此,首先就要清楚"需要"意义。"需要"关乎到人的生物和社会两方面属性。其生物性是"需要"的源头,任何生物体为了维持生命,都有一个共同的特性,那便是"趋利避害"的感应性。如果没有这种感应性,生物将无法适应纷繁复杂的自然界,就更不要谈在这种环境下生存了。例如,原始人类在进化过程中,面对大自然"物竞天择,适者生存"的规律,为求"趋利避害"而更好地生存下去,就有了茹毛饮血的生理需要及搏杀自卫的安全需要,这些需要很自然地促进了技击活动的产生。

谈到"需要"的问题,就不能不提到著名心理学家马斯洛的需要层次理论。马斯洛的观点将人的需要从低级到高级的不同层次区分为:(1)生理需要;(2)安全需要;(3)归属和爱的需要;(4)尊重需要;(5)认知需要;(6)审美需要;(7)自我实现的需要。他认为,只有在低级需要得到满足之后,才能产生更高级的需要。而任何的"跳级"满足根本不会得到真实的实现。一般而言,人们在低级层次需要未能满足之际,为了维持生命,往往无暇顾及其他方面的需要,因此,此时多半只能感受到低级层次的需要。

通过这一理论的说明可以知道人类的需要是有一定的规律的,它不是随机产生的,在产生需要之前,人类会本能地排除掉不利于自己的外部刺激。因此,除非当人处于某种生理或心理方面病态的情况,否则人类不会产生不利于自己的需要。

需要产生动机。人类为了动机的实现,便会做出实际的努力不懈地去争取,以求满足不同阶段上的需要,从而促进了人类社会的不断发展与进步。

在人类发展过程中,技击术主要用来满足以下四个方面的需求。

(1)生存需要所产生的谋生技能。

(2)安全需要所产生的防卫技能。

(3)发展需要所产生的军事对抗。

(4)因宗教、教育、娱乐、健身、社交、商业等方面的需要,技击术则以不同形式出现,如祭祀典礼上的活动、体育教育等。

武术技击价值的人本渊源实际上就出自于人的需要与动机。总之,需要是社会进化的内在动力,由于人类的一切兴革盛衰,武力占有极大的影响力。因此,人类为了保障生存而自卫,为了谋求发展而攻击,这也是搏斗技能孕育而生的主因,或者说技击运动就是一种人类本能生存的需要。在生存需要得到满足之后,武术技击的价值才开始向着健身、教育等方向发展。

技击术技法价值的人本渊源是一项不以人的意识为转移的

客观事物,它是存在于正常人的结构中的固有功能,只有先深入探讨技击运动的发展与演进,才能更加深入了解技击运动的全貌。技击运动相伴人类文明的发展而发展,鉴于此,技击运动的发展是与人类的军事、宗教、哲学、教育、体育、医学、养生等思想、技术与文化相互渗透的过程。

第二节 武术的技法原理分析

技法,是武术运动演练的技术要求和技巧方法。各门拳械的具体技法既服从于总的武术技法原理,又有其各自的技法特征。由于武术的门派众多,使得对于武术技法原理的研究要通过总结各种拳械技法中的共性规律来达成,它从宏观上反映武术技法特征,把握动作的规格,以指导武术实践。这里选择了长拳、太极拳、南拳及几种常见器械(刀、剑、棍、枪)等技法原理作为代表对其进行分述。

一、南拳技法原理

南拳是我国武术流派之一,为流传于我国长江以南各地诸多拳种的统称,具体流传地区多集中在广东、福建、湖南、湖北、四川、江西、浙江等地。

(一)技击运气法

武术运动中的运气方法,无定式,无定法,它是配合攻防动作随机进行的。在进行中非常强调运气鼓劲、肌肉隆起、时张时弛。

南拳运动的技击运气法拥有多种配合套路,经常使用到的有如下几种。

(1)动作吞入(收回)时吸气,要求用抓、扣、带、钩、拈等手法配合身法,把对方的出招引入并借其势为我所用。

第三章 新时代武术技击价值及其科学发展研究

（2）动作吐出（伸出）时呼气，用虚招去诱惑对方，用实招乘隙而入，出奇制胜。

（3）动作上浮时吸气，用顶、托、掀、架等手法，借力过势，使对方失去平衡而露败势。

（4）动作下沉时呼气，用压、罩、扣等手法把对方的手臂压、沉，使之无法提起，造成对方难进、难收、难变之势。

（5）连续进攻时，往往自然闭气，出手对准子午，动作要求简练，干脆利落。

（6）在躲、闪、后退时，应有意吸气，防守不离中门，沉肩坠肘不离胁。

（7）在用劲发招时，口轻启，让其自然而短促地呼气，以此配合丹田内气和腰背内力一并外发。在使猛劲之际，应发声助威，以气催力。

（二）以势蓄劲法

发劲是南派拳术中最关键的一部分，素有"金刚劲力"之称。强调劲从足生，发之于腰。蓄劲时，以腹式深吸气，将气聚蓄丹田，将内力聚蓄腰脊，闭住气息。发劲时，力从腰发。其上行，以腰带肩、以肩带肘、以肘带手，使气力达到指尖；下行，以腰带胯、以胯带膝、以膝带足，使气力达到趾端。

总之，腰、肩、臂、腿劲力必须一致，气力合一，贯达四肢。当气力传至肢体梢端的瞬间，突然加速呼气冲开声门，发声吐气，以气催力，以声助威，以此获得浑厚刚强之劲。具体来看，它的发劲方式可分为钻劲（螺旋劲）、冲劲（寸劲）、弹劲、抖劲、内顶劲和咬劲六种。这些劲力均须"发于腿、宰于腰，形于手"。

（三）正沉含敛法

正沉含敛法是南拳身形的基本技法之一。正沉含敛的要求包括习武者的头部要保持周正，颈部保持竖直，并且也要沉肩坠肘、含胸拔背、敛臀收腹。除此之外，还要敛起牙关，这一环节要依靠颈部肌肉的收缩才能完成,而颈部肌肉的收缩会自然使颈部强直,如此一来人的头部也就自然端正了,表现出了一种头与颈的关联性。但这一过程要注意不可使劲收缩颈部肌肉,否则会僵直。沉肩含胸是人体的自然状态,而含胸之后,背部自然拔起。把肩部稍微下沉,双肩略微内含,是一种自然姿势,把这种自然姿势略加调整就成了沉肩、含胸的身形。胸自然成圆形,颈直有助于胸背肩肘的劲力合一;胸圆则有利于气沉丹田,沉气实腹。沉气实腹则使臀部收敛。

南拳这种对身形的要求使上下完整成一体,周身劲力将会凝结到一处。坠肘是技击的需要,肘关节下坠不但可以保护两胁,而且上肢不受限制,能攻守自如。

(四)稳马硬桥法

南拳中的马步有三种,具体为四平马、四六马和二字马。这三种马步还分别被称为"大马""小马"和"半马"。其中四平马的使用最为广泛。

练习者在初学南拳时,一般首先练习的就是站马(桩步),此为南拳重要的基本功内容之一。当站马到一定程度后再学拳。不论什么形式的桩步,都要求五趾抓地、有定力、稳如磐石、落地生根。由于定步站法是活动步法的终结,故稳健的定步法(良好的平衡状态)将为活动步法达到快而不浮与灵而不乱打下良好的基础。

"桥",南拳把前臂称为"桥",把运用前臂进行攻防的方法叫作"桥"法。"桥"法可分为"长桥"和"短桥"两种。对练的双方以前臂的内外侧进行对碰的练习,目的是让"桥"(前臂)强硬起来,能够经得起碰击,使臂刚硬、内蓄劲力。练得硬桥硬把,方能稳扎稳打。

(五)发声助威法

南拳的练习通常要伴有呼喊,即随气随力发出声音。当发劲时声音呼喊的作用在于帮助发劲之威。

南拳的发声有两种：一种是发劲的发声，发劲时以短促的呼气配合丹田气发声，以气助力、以声助威；另一种是结合象形的发声，如虎形、鹤形。在练习这两种形态的动作时，往往会发出相应的虎啸声或鹤鸣声。这是南拳独特的技法。

发声是随着拳势变化的不同，运用不同的呼喝声可以起到助势、助力、助形的效果。但是需要注意的是，这些发声都要有一定的规律和要求，不可做无原则地乱喊乱叫。

二、器械技法原理

（一）刀术技法原理

1. 步疾刀猛

步疾刀猛，是指以迅速敏捷的远跳、高纵和疾速的步法配合勇猛的刀法。这也是刀术重要的技击技巧和基本技法之一。

刀在器械武术中属于短器械，在技击中要达到"持短入长、倏忽纵横……舒之可刃人于数步之外"的效果。因此，用刀者就必须做到步快身灵、前纵后跃、左右闪展，以这种移动配合如疾风般的刀法。刀法中有"短见长，脚下忙"的说法，前面说到刀属于短器械，因此在用刀时就要尽量逼近对方，让刀可以达到的距离发挥作用。刀术套路中亦强调步疾刀猛。刀术中的刀法多在步法的快速移动、奔跑、跳跃中完成，力劲势猛。

刀术尚猛还不仅仅表现在刀术的气势上，更主要的是刀法的密集和力度。"刀之利，利在砍"，劈砍是刀术中的主要方法。为攻势，讲求力大、快疾、猛狠、干净利落。为此，在用刀时就需要充分借用身体躯干的力量发力，特别是腰部力量的借用。要做以拧腰转体来增加劈的长度，加大劈的幅度和力度。

2. 寻虚击实

寻虚击实是刀术应敌时的技法辩证规律。寻虚指逢重器械时,应避其实、寻其虚而攻之。其法在于"斜步偏身,避其重器,去其身手"(《手臂录·单刀图说自序》)。道理是面对对方直接袭来的重器械,如果直接给予格挡可能会造成刀体受损,或是因遭到重击而使刀脱手。因此,在面对对方的重招时应察其虚实,避其实处、寻其虚处,发而制之。

击实指遇见剑、枪等轻器械时,应避其虚而击其实。《手臂录·单刀图说自序》中说:"枪之虚处,变幻百出,必非刀所能御,而实处惟有一杆,枪杆被砍,不断折必粘住,杆被粘住,则不能闪赚颠提。刀更进步,必伤人矣。"说的是刀对枪之击实法。刀对剑时的击实法在于剑刃虽锋利,但宜攻不宜防。而刀由于构造的原因则表现出与剑的不同,其刀刃可劈砍扎刺,刀背厚重可拦截防守,故刀与剑对时,可用刀背实击硬碰剑刃。若击虚,剑轻富于变化,击之,易受其后发先至之害,而其实处一旦出现,则不易变化。

3. 刀快法诈

刀快,是指刀的运行速度要快。因此,不论在练习中还是在实战中,对于刀的使用都要尽量做到以快取胜。

法诈,是指刀法的运用要诡秘和让人捉摸不透。"刀走黑"之说不仅仅指刀法快疾、狠毒、无情,更富含了许多"秘密"与"非法"元素在内。"其用法,左右跳跃,奇诈诡秘,人莫能测,故长技每每常败于刀"(《单刀法选》)。

刀法多变中就蕴含着刀的诡秘性。表现出一种虚中含实、实中隐虚、虚虚实实、琢磨不清。尽管刀法诡秘,但是在学时还是要按照基本的规律练习,只是在实战使用中将所学的多种技法根据对手情况和实际需要灵活编排,最终达到诡秘和迷惑对手的效果。

4. 刀手配合

在刀术中,自古就有"单刀看手,双刀看肘,大刀看顶手"之说。这里面主要解释单刀,"单刀看手"实际上看的是闲手(非持刀手),指刀与不握刀的闲手(左手)的配合。刀手配合得协调与否,是反应运动技术水平的一个主要方面。因此,运动中要求刀、手、身紧密配合。配手的一般原则是"顺领合击,反向对称"。如向右侧劈刀,击法要求刀在体侧由上向下力劈,配手则在体左侧由下向上做"反向对称"配合。初级刀术中由"马步劈刀"接"弓步撩刀"时,左手领先运行,以手引刀撩出谓之"顺领"。缠头动作,当屈臂收刀时,两臂交叉,两手做相向运动谓之"合击"。

掌握好刀、手配合的原则,动作便可紧凑无隙,攻防的效果便能直接显现出来。另外,刀、手配合的意义还在于,一是有助于身躯四肢在运动中的和谐;二是有助于维持运动中的平衡;三是有助于刀法力量在运动中的发挥。只有将这三点融会贯通,刀术动作才会更加协调、衡稳、有力。

(二)棍术技法原理

1. 棍打一片

棍术的技术中有抡、劈、扫。这几种技术动作刚好为"棍打一大片"的技法实施提供可能。尤其是抡、扫技法,其动作路线较长,攻击面大,既能打击正面之敌,又能击打身后潜敌,如此在面对四面临敌的情况下,可谓是攻守兼备的最好技法。

做到"棍打一片"须掌握两条原则,具体如下。

(1)掌握正确的握法。一般在劈棍时,后手不留把,而在抡棍时,则必须留把,有的称为"留腕",通常在20~30厘米间。

(2)掌握正确的发力顺序与发力时间。以抡棍动作为例,其顺序应是从腰腿部开始发动,通过肩臂到手达棍。时间则不是起始就发力,而是"过中发劲"。做到这两点,便可发力顺达、饱满,棍打一大片。

2. 梢把并用

由于棍是一根通体正直的实木,因此并没有明确的棍梢和棍把之分。在实际习练中,判定棍梢和棍把的依据是持棍人手握棍的方向。

以劈、扫、抢、撩为远击之法,多用梢端击打,两手须握持把段;挑、戳、盖、挂、横击等多用棍把击打;绞、格、云、拨则梢把可参互运用,多手持中段,为近身攻守方法,两手一动,两端齐动,连环出击,或上撩下劈,或左挂右拨,或前绞后戳,或上架下压,或内外推撑。动作要严谨,棍法要快密,梢把要兼用,长短要兼旋,故此有"枪似游龙,棍似雨"之说。

3. 握法活便

握法,是指握持棍器部位的方法。一般将棍分为棍梢、棍身、棍把三个部位。棍术中梢、把、身相互运使,富于变化,变化的首要因素是握法的变化。

棍的握法有手心向上的阳手握法,手心向下的阴手握法,一手手心向上、另一手手心向下的阴阳手握法,虎口相对的对手握法,左右手交叉的交叉握法,一手上下滑动的滑动握法等。不同的棍法及棍术动作间的变化,都是以不同的握法为前提,即不同的棍法必须有相应的握法,棍法若变必先变其握法,握法娴熟才会迅速变换出各种棍法。例如,劈棍时,通常要两手满把紧握,一手握住把端靠住腰际;云、拨等棍法,握法宜活便;崩棍、盖把动作须一手滑握棍;舞花棍时,左手有时须仅以拇指和食指刁握棍;单手舞花有时还应脱手或交替握棍。握法活便是练好棍法的基础和保障,所以要正确地掌握棍术握法及其变化。

4. 乘势顺力

乘势顺力是棍术中法与力合技法的关键要则。棍术多劈、扫、抢、撩等运动幅度较大的动作。动作幅度大、速度快,惯性亦大,所以棍的起动、制动、运转均不如轻小器械便利。因此,在乘势顺力的要求下,棍术练习中既要注意发挥人体腰臂的力量,又要善于驾驭棍的惯性力、重力、击地时的反作用力和崩棍等动作制动时产生的反弹力等外力。

乘势顺力就是驾驭这些外力的技巧与方法,也是棍术动作间衔接连贯的关键。例如,在做舞花时,乘棍由上向下之势做下点棍或劈棍、摔棍、盖把等;也可乘舞花时由下向上之势接转身提撩花;在做提撩棍时又可接做转身舞花;在做左右点棍时,可借点棍时地面的反作用力,顺势转身舞花。总之,乘势顺力,借劲换势贯穿于棍术的起承转换之中,在乘势顺力中求得身械合一、劲力顺达。

第三节 武术的技击动作与价值体现

一、武术的基本技击动作

(一)基本拳法动作

1. 冲拳

以右冲拳为例,左右开立,与肩同宽,两手在腰间抱拳,肘尖向后,拳心向上。右拳从腰间向前猛力冲出,转腰、顺肩,在肘关节过腰后右前臂内旋。力达拳面,臂伸直,高与肩平。同时左(右)肘向后牵拉(图3-1)。

2. 劈拳

以右劈拳为例,左右开立,两手在腰间抱拳,拳心向上,随后右拳经左由上向下快速劈击,臂伸直,力达拳轮,目视右拳。

3. 架拳

以右手架拳为例,左右开立,与肩同宽,两手在腰间抱拳,肘尖向后,拳心向上。右拳向下—右—上,经头前向右上方划弧并在右前上方架起,拳眼前下,目视上方(图3-2)。

图 3-1

图 3-2

4. 亮掌

以右手亮掌为例,左右开立,与肩同宽,两手在腰间抱拳,肘尖向后,拳心向上。右拳变掌,经体侧向右、向上划弧,至头部右前上方时,抖腕亮掌,臂成弧形。掌心向前,虎口朝下,眼随右手动作转动,目视左方(图3-3)。

图 3-3

5. 推掌

以右手推掌为例,左右开立,与肩同宽,两手在腰间抱拳,肘尖向后,拳心向上。右拳变掌,前臂内旋,并以掌根为力点,向前猛力推出。推击时要转腰、顺肩,臂要伸直,高与肩平。同时左肘向后牵拉(图 3-4)。

图 3-4

6. 挑掌

以右手挑掌为例,并步站立,两手在腰间抱拳,拳心向上。右拳变掌,自腰间经右向上弧形摆起,当摆至接近水平位时,抖腕立掌上挑,掌指朝上,掌外沿朝右。目视右侧。

（二）基本腿法动作

1. 弹腿

以右弹腿为例，两腿并立，两手叉腰。右腿屈膝提起，大腿与腰平，右脚绷直。提膝接近水平时，迅速猛力挺膝，向前平踢弹击，力达脚尖。右腿伸直，高与腰平，左腿伸直或微屈支撑。两眼平视。

2. 蹬腿

以右蹬腿为例，两腿并立，两手叉腰。动作方法与弹腿相同，只是脚尖应勾起，力达脚跟。

3. 扫腿

以后扫腿为例，两腿并立，两臂垂于体侧。左脚向前开步，左腿屈膝半蹲，右腿挺膝伸直，成左弓步；同时两掌从两腰侧向前平直推出，掌指朝上，小指一侧朝前；目视掌尖。左脚尖内扣，左腿屈膝全蹲，成右仆步姿势，同时上体右转并前俯。两掌随体右转在右腿内侧撑地，以左脚前掌为轴，随着上体向右后拧转的惯性力量右脚贴地向后扫转一周。

4. 外摆腿

以左腿外摆为例，两腿并立，双手侧平举。右脚向右前方上半步，左脚尖勾紧，向右侧上方踢起，经面前向左侧上方摆动，直腿落在右腿旁。目平视。

5. 里合腿

以右腿做支撑腿为例，两腿并立，双手侧平举。左脚向右前方上半步，左脚脚尖勾起里扣并向左上方踢起，经面前向右侧上方直腿摆动，落于右脚外侧，目平视。

6. 侧踹腿

以左踹腿为例,两脚并立,两手叉腰。两腿左右交叉,右腿在前,稍屈膝。右腿伸直支撑,左腿屈膝提起,左脚里扣,脚跟用力同左侧上方踹出,高与肩平,上体向右倾,目视左侧方。

7. 单拍脚

并步站立,两手在腰间抱拳。左脚上步,左腿支撑;右腿挺膝,脚面绷直向前上方快速踢摆。同时右拳变掌举于头右前上方,掌心朝前,迎击右脚面。目视前方。

(三)基本步型动作

1. 弓步

并步直立抱拳。左脚向前一大步(约为本人脚长的4~5倍),脚尖微内扣,左腿屈膝半蹲(大腿接近水平),膝与脚尖垂直。右腿挺膝伸直,脚尖内扣(斜向前方),两脚全脚着地。上体正对前方,眼向前平视,两手抱拳于腰间。弓右腿为右弓步,弓左腿为左弓步(图3-5)。

图3-5

2. 马步

并步直立抱拳。两脚平行开立(约本人脚长的3倍),脚尖正对前方,屈膝半蹲,膝部不超过脚尖,大腿接近水平,全脚着地,身体重心落于两腿之间,两手抱拳于腰间(图 3-6)。

图 3-6

3. 虚步

并步直立叉腰。两脚前后开立,右脚外展 45°,屈膝半蹲,左脚脚跟离地,脚面绷平,脚尖稍内扣,虚点地面,膝微屈,重心落于后腿上。两手叉腰。眼向前平视。左脚在前为左虚步,右脚在前为右虚步(图 3-7)。

图 3-7

4. 仆步

并步直立抱拳。两脚左右开立,右腿屈膝全蹲,大腿和小腿靠紧,臀部接近小腿,右脚全脚着地,脚尖和膝关节外展,左腿挺直平仆,脚尖里扣,全脚着地。两手抱拳于腰间。眼向左方平视。仆左腿为左仆步,仆右腿为右仆步(图 3-8)。

图 3-8

5. 歇步

并步直立抱拳。两脚交叉靠拢全蹲,左脚全脚着地,脚尖外展,右脚前脚掌着地,膝部贴近左腿外侧,臀部坐于右腿接近脚跟处。两手抱拳于腰间。眼向左前方平视。左脚在前为左歇步,右脚在前为右歇步(图 3-9)。

图 3-9

(四)翻滚跳跃动作

1. 翻滚动作

(1)抢背

并步站立,右脚上步屈膝略蹲,上体随之前倾,左脚跟离地,同时两手顺势向前下伸出;右脚蹬地前跃,左腿向上摆起,低头弓身,以右肩、背、腰、臀依次着地团身前滚并立起。

(2)仰摔

两腿屈膝半蹲,体前倾;两臂握拳于体前。左腿向前上抬起,屈膝、含胸、弓身、收臂;脖颈紧张,挺腹、顶胯、夹肘,身后倒以肩背部着地,同时左腿挺膝绷脚,与上体形成一直棍,右脚以脚前掌着地。

(3)侧空翻

以后带臂侧空翻为例,两脚左前右后错步站立,两臂前斜上举,目平视。左脚前进一大步,屈膝前弓,小腿与地面接近垂直,两臂向后抡绕至体前下方;两臂向前上摆起,同时右腿用力向后上摆起,左脚蹬地跳起并上摆,使身体腾空翻转后双脚依次落地。

(4)鲤鱼打挺

仰卧,身体伸直。两腿伸直向上收拢至接近头部,两手屈肘收至耳侧撑地,臀部离地,以肩胛和颈部着地支撑;两腿用力向上向后猛打,两手用力推撑地面挺身腾起,两腿继续向下弧形摆动;两脚落地后挺身立腰,仰头举臂。

(5)旋子

两脚开立,与同肩宽;右臂平举,左臂上举。左脚后退以脚前掌着地,膝微屈,右腿屈膝,上体前俯并微右转;左臂落于胸前,右臂拧身右摆。身体俯平向左甩腰摆动,两臂左摆,重心左移。右腿向上一左摆旋,左脚蹬地跳起后向上一左摆旋;身体腾空后挺胸抬头,两腿依次摆旋过腰,两臂继续左摆,整个身体俯着向左平旋360°。右、左脚依次落地。

2.跳跃动作

(1)腾空飞脚

并步站立,右脚上步蹬地跃起,左脚前上摆踢,两臂向头上摆起,右手背迎击左手掌。右脚脚面绷直,向前上方踢摆,右手迎击右脚面。同时左腿屈膝控于右腿侧。左掌摆至左侧方变勾手,上体微前倾。目视前方。

（2）旋风脚

高虚步亮掌站立，左脚向左上步，同时左掌前推；右脚随即上步，脚尖内扣，左臂随上步屈肘收于右胸前，右臂前摆，上体左转前俯。右腿屈膝蹬地跳起，左腿提起摆向左上方。上体向左上方翻转，两臂向下一左上方抡摆。身体旋转不小于270°，右腿里合，左手迎击右脚掌，左腿下垂。

（3）腾空摆莲

高虚步挑掌站立，左脚向前上步，右脚上前一大步，脚尖外展，屈膝略蹲，身体右转，右臂下落，左臂前摆；重心移右腿，右脚蹬地跳起，左腿里合踢摆，两手上摆于头上击响。上体右转，身体腾空；右腿上踢外摆，两手依次拍击右脚面，左腿伸直分摆控于体侧。

二、武术技击动作与实践价值

习武者为了能够将自身所感悟到的积极思想及技巧完美且直观地展现出来，就只有通过使用最恰当的技击动作才能实现，以此获得相应的技击效果。纵观武术在历史中的发展，直到今天它的技击方式仍旧包括徒手技击和器械技击两种形式。而这两种技击形式相比，徒手技击又是最为常见和习练人数较多的形式。因此，本节主要以武术的徒手技击动作为例对其动作及价值做一个简单的分析，以期为武术运动爱好者提供必要的理论指导。

徒手技击，顾名思义，它是指不借助任何器械，仅依靠单纯的身体（主要为四肢）作为搏斗武器而开展的技击形式。

由于徒手技击不能使用任何器械，因此在积极过程中形成了特有近打、远踢的技击特点，另外，在武术对抗中如果两人过于近身，即所谓的"贴身"，那么在徒手技击中还可以使用摔法或拿法。用武术的惯用分类概括起来，人体的七大"武器"分别为头、手、肘、肩、足、膝、胯。

技击方法的种类很多,但归根结底可以总结为三类,分别是击打类、摔跌类和拿控类,具体如下。

(1)击打类。击打类技击方法是一种用肢体产生的冲击力去获得技击效果的攻防技法的总称。击打时运用的主要部位为上肢和下肢,另外,利用身体躯干等部位的"靠""撞"等技术也可以称为"击打"动作。而且"靠"与"撞"在实战中应用时,不仅可以作为击打手段,还可以用来使对手失去平衡,从而为接下来的技击技术的成功使用带来机会。

(2)摔跌类。摔跌类技击方法是通过抱缠等方式使对方倒地的技巧。其中,要对"跌"做一个特别解释。跌是利用合理倒地姿势化解触地的冲击力,以达到保护自己的效果。

(3)拿控类。拿控就是通过抓筋拿脉、反挫关节、点穴擒捕等技法的运用,达到控制对手目的的技击形式。

通过上述对技击技术的分类分析来看,可以知道实际上每一种技击技术都拥有其自身的价值,在不同场合和实际中,只有选择正确的技击技术才能收到良好的攻防效果。因此,这就说明了各种技击技术无所谓好与不好,只有适合与不适合自己。实战中,习武者可根据对抗时的不同势态,采用不同技击方式,以针对对抗中各种不同情况下都能够引导势态的发展。另外,不同技击技术的选择还取决于习武者自身的特点,由此选择最适合自己的最佳技击方式。

认识到这个技击的价值规律后,在对武术运动的学练方面就可以有目的地去寻找自己在不同势态下最适宜采用的相应的技击方式,以取得事半功倍的技击效果。具体说,就是根据实际情况构建属于自己的技法使用平台,把理论与实践结合起来。

第三章　新时代武术技击价值及其科学发展研究

第四节　新时代武术的竞技化发展

一、武术竞技化发展的原因

（一）军事武艺的衰退

自古以来，武艺在军事战争中就具有很重要的作用。直到清代晚期，虽然人们在鸦片战争中意识到了西方军事的巨大优势，但是由于军事转制的落后，民众对于武术的喜爱以及恋旧思想等原因，当时的清政府仍然十分重视武术，并继续进行与武术有关的军队训练以及武科招考。曾国藩认为"练技艺者，刀矛能保身，能刺人……技艺极熟，则一人可敌数十人……"仍然十分看重武术的重要性。而当时的民间也"深知武术为自卫利器，非尚武无以自立。而武术既能强健身体，又可镇慑地方社会"。在1901年，清朝宣布废除武举制度，导致社会上"凡欲以武猎取功名者，咸习刀马弓石，以期考录"的人失去了通过武术博取功名的机会。此外，由于义和团运动的影响，清政府之后严禁民间存置武器。这些都使得武艺逐渐退出了军事战争的舞台。而到了现代，战争主要依靠的是现代科技，武术只能在军事中的特殊场合才会使用，延续几千年的武术传统终于逐渐退出了战争的舞台。这就对传统武术的继续发展造成了一定的制约，传统武术必须要另觅出路，这也正是传统武术走上竞技化的原因之一。

（二）社会方式的转变

在鸦片战争之前，中国社会以"农耕文明"为主导，"日出而作，日落而息"，社会的主体是典型的小农生产方式。而随着中国社会的逐渐转型，为了不断适应社会化大生产的要求，创造和发展为其服务的新文化，传统文化便产生了危机，不得不向近代转型。在社会生产生活方式转型中，武术生存与发展的土壤逐渐遭到破坏，武术的传习也逐渐失去了稳定的传承结构，之前牢固的师徒关系逐渐丧失。另外，随着社会治安环境的改善，民众的安全有了很好的保证，使得武术的防身搏击功能更显得不重要了。由此，武术也逐渐向表演欣赏、挖掘人体潜力的竞技武术方向转变。

（三）西方现代体育文化传入

随着西方现代体育科学传入中国并不断普及，传统体育之前所赖以生存的市场也迅速被侵蚀，西方工业化文明的高效率与富于竞争意识的优势也逐渐显露出来。武术要继续发展，就需要运用最先进的成果来适应体育化的改造、创新和发展，这也是武术迅速发展必须要走的路。但是，武术的现代体育化改造与武术的初始形态相互矛盾。是否对其进行改造是两难的选择：一方面，如果承认武术属于体育就要按照体育的要求对武术进行改造，并且将武术中不属于体育的内容排除；另一方面，如果不将武术纳入体育的范畴，那么武术就会面临被淘汰的处境。武术在体育化的进程中，成为竞技武术体育项目的主要来源。武术在习练过程中，包含了许多身体练习的方法、手段等体育的因素。通过制定规则对击打的部位进行限定，将武术中适合比赛的内容作为体育竞赛的形式，使之成为一项体育运动竞赛的项目；而武术中另外有些内容由于习练具有一定的健身效果，所以逐渐演变成体育健身项目。另外，竞技武术是建立在武术基础之上的。

（四）现代竞技体育思潮的影响

现代竞技体育不仅有明确的目标，而且有科学的规则。与其他项目的比赛目标不同，竞技项目的竞技主体不明确是不符合竞技体育的要求的。此外，竞技体育的竞赛规则表现为科学周密的特征。为了达到体育比赛公正、公平的竞争目的，各个竞技体育项目都有独自的竞赛规则，并且对比赛的内容、性质、要求以及判罚尺度等方面的内容都有非常客观的界定，这种情况是传统体育所不具备的。因此,在现代竞技体育思潮的影响下,传统体育也要走科学化的道路。

二、武术竞技化发展的问题

受到西方体育文化的影响,我国武术表现出竞技化的发展趋势。然而,武术的竞技化发展过程中会遇到很多的问题,主要包括以下几个方面。

(一)发展道路的选择

武术的竞技化由于受到西方进化论以及体育竞技思想的启迪,使西化模式自然成为自身发展的方向。西方竞技体育的文化源于古希腊文化,其核心是分析思维方式,因此西方竞技体育具有不同运动项目分类竞争的格局。而武术建立在中国传统文化的基础之上,主要特征表现为体用兼备,相对来说更加偏重于系统思维。武术的竞技化,不仅是对传统思维方式的一种突破,而且是对西方思维方式的融合。中国传统系统思维方式下产生的"能击善舞",与注重公平竞争却将"击""舞"分离的分析思维方式明显不同。思维方式的嬗变使武术分为套路与散打两种运动体系,并在此基础上产生各种不同的套路项目与散打的级别。在竞技武术中,套路与散打两者分离并独立发展,没有统一的前提。二者的分离符合西方公平竞争的思想,是正确的。但是武术的发展模式众多,需要探索一条适合自身的发展道路,而不能照搬西方的固有模式,对于发展道路的选择,对于武术的传承与发展非常重要。

(二)技术风格的变异

武术之所以向竞技化方向发展,是竞赛的导向与奥运的激励双重作用所导致的,这对于社会武术活动也有巨大的冲击。再加上世代承袭的武术难以寻觅对外交流与认同的机会,故而纷纷将传统抛弃去仿效竞技,这在客观上也加速了武术向竞技化方向发展的趋势。在武术向竞技化方向发展的过程中,自身的风格特色也逐渐被削弱。在武术中,许多新编长拳类的难度动作大量添加在武术套路之中,从而使武术套路的观赏性大大提高,并形成了风格各异的两种效果。如果武术在竞技化的发展过程中不断抛弃自身固有的传统,将不利于武术运动的健康发展;武术只有在竞技化的发展过程中,传承并保持自身特有的风格特性,并在此基础上进行合理的创新与变革,才能真正走向健康发展的道路。

(三)多种健身形式的冲击

武术的竞技化发展到今天,其竞赛的体制已经基本完备,从运动技术水平到国际化的宣传推广都取得了一系列的成果。武术的竞技化对于武术的发展也有很多积极的促进作用,武术的竞技化使举办比赛、武术搭台、经贸唱戏等形式都成为武术发展的亮点。作为我国传统的体育项目,武术本身也有着很高的社会价值,对于人们的健身养生都有很大的帮助。

然而,随着社会生活方式的不断改变,西方的很多简单易学、轻松愉悦的健身方式逐渐出现在健身领域并不断普及,而武术由于枯燥难学、内容繁杂而逐渐被取代。武术尽管在向竞技化的发展过程中取得了很多的成绩,但是由于现代体育运动的不断冲击,其在健身等领域的主导地位也逐渐丧失,发展方向也面临着很多抉择与挑战。

三、武术竞技化发展的启示

武术的竞技化发展是武术发展的一条道路,它为武术的不断发展起到了很多积极的作用。武术的竞技化也是武术发展的一种趋势,在这种趋势中,我们既可以发现武术发展的一些问题,也能够从中得到一些启示。

武术拳种丰富、门派众多,展现出自身独特的魅力。而为了保持武术各个拳种的独特风格,推动拳种之间的交流以及普及传播,就需要对各个拳种的技术体系进行规范,武术丰富的文化内涵、鲜明的技击特征将不断得到认可、继承与弘扬。为了与不断改变的生活方式相适应,更多简单、易学、易于推广的武术套路不断出现,来满足人们健身养生以及休闲娱乐的需要。武术现代化发展的核心是竞技化,以西方竞技运动的范式为参考依据,这虽然在一定程度上加速了武术向现代化转型,但同时也对武术的现代化发展起到了一定的抑制作用,从而对武术文化的传承产生了消极影响。武术的不断发展,一方面将武术以非物质文化遗产的形式进行传承并加以保护;另一方面也使武术在自身的传承与发展中实现自我创新,从而适应社会与时代不断发展的需要。武术与竞技武术的发展是密不可分的。竞技武术在自身的发展过程中顺应武术发展的规律,并不断从武术中汲取养分,始终将武术作为自身发展的根本。这样,竞技武术的文化内涵才会不断丰富,武术也就有了用武之地,并不断实现自我创新。

总而言之,武术的发展不可以全盘照搬西方的做法,这样并不能够实现武术的真正发展。传统武术和竞技武术必须突破西方模式的束缚,探索适合本身的发展模式,从而形成多元模式共存的竞技化发展格局,最终实现武术的腾飞。

第四章 新时代武术健身价值及其科学发展研究

武术除了具有技击价值外,还具有非常显著的健康价值。健康涉及的内容比较广泛,这里,主要针对身体和心理方面的健康进行阐述。武术本身是一项体育运动,通过武术运动锻炼,在身体素质得到发展和提升的同时,锻炼者的心理也会发生一定的变化,不管是情绪还是智力能力等,都会得到有效的改善。本章主要对武术健康价值与"健康中国"、健身与健身价值的体现、武术健身活动的开展与推广,以及武术与全民健身的融合与发展进行分析和探索,通过对这些理论知识的了解,能有效指导武术健康价值的实践活动,有助于其健康价值的进一步发挥。

第一节 武术健身价值与"健康中国"

一、"健康中国"的解读

2016年8月,习近平总书记在参加"全国卫生与健康大会"时指出要坚持和发展中国特色卫生与健康道路,把人民健康放在优先发展的战略地位,这是迄今为止除了教育事业外第二个从总体上被提高到"优先发展"地位的事业。

通过解读"健康中国2030"规划纲要发现,"共建共享、全民健康"是建设"健康中国"的战略主题。其基本内涵主要包括以下四个层面。

第一个层面:"健康中国"是以科学发展观作为理论指导,其目的是为了维护和促进当代人的健康发展,通过健康的调控来实现社会经济以及人民健康之间的协调发展,它是以公共性政策为出发点,以国家发展战略层面为依托的重点和重大基础工程。

第二个层面:"健康中国"的贯彻与实施,是一项实现和构建小康社会的基础性工程,不仅有利于国民健康的长足发展,确保人民享受健康公平,还有利于促进当代中国经济发展方式的有效改变。

第三个层面:作为一个国家层面的重大决策,"健康中国"始终坚持的是以人为本,将社会的需求作为最终导向,把人民的健康权益放在发展的首要位置。在其实施过程中,强调的是"预防为主",是以公共政策、科技进步、中西医结合、重大行动为切入点的,它着力于解决的问题是长期(或长远)威胁我国人民生命安全的重大疾病和健康问题,与原有的传统医疗模式之间有着根本性的转变。

第四个层面:从"健康中国"的具体实施模式上来看,它实施的是综合治理,有机地协调了各部门的相关职能,充分地调动了各层面、各方面的配合性与积极性,共同应对"健康问题"的挑战,从而更好地实现"健康中国"的贯彻与落实。

可以说,"健康中国"发展战略的实施,不仅"是国家全面建成小康社会、国家全方位健康发展的具体体现,是中国人民在全面建设小康社会、实现中华民族伟大复兴'中国梦'新征程中向世界展示全新形象的奋斗目标",还是"国家全面建成小康社会的宏伟健康蓝图,它是一面旗帜,凝聚着政府、社会和全体人民的共同理想"。

二、"健康中国"视域下中国武术健身价值的时代突显

今天,在"健康中国"的历史背景下,随着我国"健康中国"

步伐的日渐加深，武术所承载的健康魅力和价值早已经在国家发展、民族复兴的时代感召下日渐突出，成为推进和助力"健康中国"建设的坚实力量。

（一）"健康中国"的构建与武术健身价值功效的相得益彰

源于人们的生产实践、军事战争与社会活动的武术，在中华大地上绵延了数千年。它作为中华民族重要的身体文化之一，今日之武术已经凭借其独特的运动方式和价值理念成为国内外公众争相追捧和热爱的运动项目之一，俨然已经成为当代中国在国际文化舞台上崭露头角的文化品牌和符号。从历史发展的视角来看，武术在其源远流长的演变过程中扮演着不同的角色。每个历史时期里都有着自身特定的角色担当，在每个不同的时期里中国武术能够"为适应当时社会政治、经济、文化的需要或是突出它其中某一功能，或是扩展其外涵，或是淡化其某一作用"。在 21 世纪的今天，武术作为一种独具一格的健康方法和手段，在健康方面的价值和功效日渐凸显。随着我国"大健康时代"的来临，"健康中国"建设已经成为中国发展的最强音。当下，在国家要"健康发展"的时代背景之下，武术的健康价值功效与"健康中国"的构建相得益彰，其健康理念和健康方式与"健康中国"发展战略的主体和内涵遥相呼应，已经成为助力"健康中国"建设的重要内容。

从构建"健康中国"的角度而言，武术作为社会公认的健康良药与"健康中国"战略的发展有着紧密的联系。

从武术对"健康中国"各层面的价值作用的角度来说，中国武术不但是实现国民健康的重要手段，还是推进社会健康发展的一剂良方。因为"今天的'健康中国'不只是治病，而是一个全方位、全领域，统领全局的新的发展战略"；"健康中国"远不只医疗卫生领域的改革，"而是我们教育理念、运动理念、文化理念的变革"；它是"通过倡导一种现代的健康生活方式，不仅是'治病'，更是'治未病'；降低亚健康、提高身体素质、减少痛苦，做好健

第四章 新时代武术健身价值及其科学发展研究

康保障、健康管理、健康服务;帮助人们从透支健康、治疗为主的生活方式转向呵护健康、人人健身、预防为主的健康生活方式";"健康中国"建设不仅仅是卫生部门的事情,我们也同样参与其中。"健康中国"突破了原来医疗卫生的部门局限,纳入了体育、教育、环保部门,突出大健康理念,推动形成了大卫生、大体育格局……所以,在这个关键的历史时期里,中国武术作为一种崇尚健康、贴近健康的生活方式,一种"非医疗干预健康的重要手段",一种提高人们健康水平和生活质量的健康良方,一种"最完美的、无可挑剔的,有益人类健康的体育运动",理应肩负起促进"全民健康",助力"健康中国"的历史责任与担当。

(二)"健康危机"诱发人们对武术健康价值功效的渴望

"健康"是一个国家正常发展的宝贵财富,是任何一个国家、政府和人民都不可忽略的重大问题。健康作为一个国家重要的"生产力",是民族、社会与国家存在与发展的核心要素,是民族振兴、社会进步、国家富强的关键所在。它不仅关系着我们国家发展的强盛、社会发展的和谐、人民生活的幸福,还关系着民族的复兴,"中国梦"的最终实现。所以,若想真正实现民族振兴、社会进步、国家富强,就必须着手于改善和提升国民、社会以及国家的健康发展。

我们从"十三五"以及"健康中国 2030"规划纲要中知道,实施"健康中国"发展战略是国家未来 15 年的重大发展目标。从"健康中国"的层面来看,建设"健康中国"需要以健康的人民群众和社会环境为依托,没有健康的人民群众和社会环境作为支撑,"健康中国"的贯彻和发展便毫无意义可言。但是,从当代中国发展的现状来看,今天的中国已经面临着严重的国民体质和社会双重的"健康危机",而且随着"健康危机"的日渐加深,直接威胁到当代人们生存的社会发展,而且对"健康中国"国策的发展和推进也起到了严重的阻碍作用。从国民体质的"健康危机"来看,"亚健康"广受关注。越来越多的人深受"亚健康"之苦,不健康的生活方式严重影响了国民体质健康,心脑血管疾病、内分泌疾病、精神疾病等"生活方式疾病"日渐增多。

从社会的"健康危机"角度来看,在这个急剧的转型里程中,我国的社会结构、人民群众的生活方式、行为习惯和价值观念等各方面都发生了变化,其中的诸多不适应、不协调现象使得社会环境、风气等问题在现代化转型期变得尤为突出。一方面,随着经济的快速发展,社会环境的污染与生态破坏问题也在一定程度上越来越突出。

面对以上这些不争的事实,人们开始尝试从中国传统文化中寻找解决双重"健康危机"的方法和途径。而武术作为中国传统文化智慧的结晶,在这样一个关键时期被委以重任,成为治愈当代"健康危机"的良药。因为,作为一种促进健康的方法和手段,武术在缓解和治愈国民身心健康以及挽救社会不良风气上有着得天独厚的功效。生命在于运动,武术作为一种行之有效的运动项目,能够有效地矫正和改善人们错误的生活方式。面对社会中存在的歪风邪气,武术文化中所蕴含的"持中贵和""崇尚自然""舍己从人""天人合一"思想在一定程度上能够缓解诸多社会"戾气"。通过武术这种体悟和磨炼的教化之学,能够将传统武术文化中的"正义"和"道法"精神传递到社会的各个角落,从而在一定程度上实现"净化"社会风气的效果。

(三)"健康中国"大背景下中国武术健身价值的彰显

健康是人类生存的基础,同时也是社会经济发展的基石。当前,"人口老龄化、环境污染、生活方式改变等对我国健康事业提出了新的挑战,如何针对我国的现实,发挥健康中国的战略意义,切实提高国民的健康水平是一项重要课题"。武术是一项集健身、休闲、文化、教育、表演、医疗等于一体的民间传统体育项目,在"健康中国"大背景下其健康价值日益凸显。原国家体委主任伍绍祖曾说:"武术属于体育,又高于体育。武术既是竞技,更是健身。"由此不难看出,在时代飞速发展的今天,武术所蕴含的"健

第四章　新时代武术健身价值及其科学发展研究

康"价值已经成为当今时期的主导价值之一。如果从中国武术健康价值对中国国民、社会和国家发展三个层面来说,其积极的健康价值早已成为推进健康中国建设的中坚力量。

第一个层面,武术作为一种健康之术,其在推进"健康中国"的进程中对国民健康的特殊价值已经越来越突出。武术作为一项集文化、娱乐、修身、养性为一体的健康生活方式和手段,其在改善和提高国民健康的效果上则显得尤为重要和突出。

第二个层面,武术作为一剂健康良药,对推进社会健康和谐、实现社会安定的价值愈发突出。"健康中国"之路上需要健康的社会正能量,需要一切有利于社会稳定和谐、社会正气的有形和无形力量。从社会发展的层面来看,武术就有着这样的正能量。首先,在被"亚健康"充斥的当今社会健康问题上,武术其独特的健身、修身价值显得尤为重要。个体的健康影响着家庭幸福和社会安定,所以,当个体的身心健康水平得到改善和提高时,家庭幸福、社会安定"指数"就会得到相应的提高;其次,武术是一种协调和谐的身体运动,在参与运动过程中,能够提高和增进社会交往的能力和情感交流的功效。它将中国传统文化中"强调人和,反对纷争"的价值理念渗透在其拳法的每一个招式之中。当人们在习练和体悟武术时,能够在潜移默化中内化自身的心性与修为。不仅能够从"自然和谐""无过不及"中感受到人际交往的"中庸之道""处世之道",还能从"求中和""知阴阳""识弱强""辨虚实""明善恶""分对错"中培养出"尚和中庸""推己及人"的人际关系与社会关系;再次,武术作为中国传统"礼仪"文化的代表,对道德、伦理和规范都有着十分严格的要求。其"礼之用,和为贵""未习武、先习德"的传统"道德""伦理"观对当代社会出现的道德滑坡、社会风气问题有着一定的净化作用。特别是在武术的拳理中,有"仁义""德行""礼数""智勇""中正"等思想精神的体现,对提升人的道德素养、增加人的道德约束、改善社会不良风气等方面具有积极的教化作用。

第三个层面,中国武术所蕴含的实际价值不仅能够满足"健康中国"发展的需要,还对助力全球稳定发展,解决和缓解全球性问题有着独特的功效。从全球发展的视野来看,"战争与和平""生态失衡""环境污染""人口爆炸""资源短缺""国际恐怖主义"等全球性问题,已经成为关系到整个人类生存与发展的严峻问题。而作为在国际上具有举足轻重地位的东方大国——中国有责任也有义务为世界稳定发展做出贡献。从缓解全球性问题的层面而言,构建"健康中国"不仅能够更好地把一个美丽、健康、和谐的中国介绍给世界,还能够将中国文化中"崇尚和谐""贴近健康""敬仰自然"的价值与理念传递给全世界。而从中国传统文化的角度来看,武术作为中华民族文化的智慧结晶,主张"阴阳之道"、强调"天人合一"、讲求"和谐与共",在"健康中国"的实施过程中能够进一步促进个体和社会的健康、和谐、稳定的发展。所以,如果将武术的价值延伸到治愈"全球性问题"上时,我们有可能会得到意想不到的效果。因为,中国武术能够通过身体的律动和文化的浸润将"东方哲学的思维方式"传递给世界,从而在文化冲突、人类健康、人与自然的协调发展上给予新的帮助。所以,从文化冲突的角度来看,中国武术作为一种崇尚和谐的文化标识,能够为东西方文明、文化的多元化共存构建出新的立场;从人类健康发展的角度来看,武术作为一种贴近健康的生活方式,能够将中华民族"非医疗"的健康理念传递给世界;从人与自然的发展关系来看,武术所蕴含的那种敬仰自然的精神信仰,能够为世界可持续发展提供新的健康发展观。

三、武术健身价值推广对中国传统文化继承与发展的责任担当

从国家整体发展的视角而言,国力的强盛、民族的复兴离不开文化的力量。因为,"文化是一个民族、一个国家的标记和灵魂,也是一个民族、一个国家赖以延续和发展的根本","任何一个民族要在现代化进程中实现伟大复兴,没有文化的整体复兴作为拱

第四章 新时代武术健身价值及其科学发展研究

卫、没有文化的深度活力进行反哺是难以为继的"。"中华民族的宏伟兴盛需要以中华文化发展繁荣为条件",所以一切有利于当代民族发展的传统文化都需要"古为今用"。武术作为中国传统文化的典型代表,在当今历史的发展进程中肩负着传承中国优秀传统文化的历史使命和责任担当。今天的中国武术站在文化的角度来说,不仅是一项中国传统体育运动项目,还是一种具有鲜明东方身体文化特色的文化形态。古往今来的中国武术在融合了中国古典哲学、养生学、美学、艺术学、兵学、医学等传统价值观念后,形成了今天独具特色的民族文化特性,能够折射和传递出中国文化所蕴含的"天人合一""无过不及""尚善守度""崇尚自然"基本精神和价值理念。所以在"国家发展""健康中国"的时代背景下,作为一种"健康佳品"的中国武术,除了在释放其独具一格的健康功效外,对于中国文化特别是中国传统身体文化的传播和传承也起到了十分重要的推进和普及的作用。

经济的发展加速推动着当代人们的生活节奏,在这样一个快节奏的时代里,我们的生活方式和生活水平都发生了天翻地覆的变化。特别是近年来互联网、新科技的发展,已经彻底打破了人们传统的生活节奏。随着社会竞争压力的急剧增大,生活节奏的日渐提高,人们的闲暇和运动时间明显减少,国民体质也在社会进步、经济增长中逐渐下降,出现了一种普遍"亚健康"的状态。面对"健康"问题的挑战,党和政府高举"健康中国"的发展旗帜,希望借此来改善和推进国民、社会的健康问题以及中华崛起、民族复兴的伟大历程。在这个发展环境中,武术的健身和养生价值更加凸显出来,成为武术在现代社会中发展的主要趋势。从当下的武术健身价值的推广现状来看,武术的推广和普及已经取得了一定的成效。如有研究表明:"在学校中,中、小学以及高校都在积极开展武术课程;在社区中,每天早晚都可以看到很多中老年人在从事太极拳、太极剑以及一些传统武术的锻炼;在国家政府层面、社会民间层面各类的武术比赛十分常见,如香港武术节、少林武术文化节、青少年武术比赛、全国散打锦标赛、全国学生运动会等,以此鼓励群众练习武术。"

可见,在崇尚健康的今天,武术作为一种有效的健身运动,无论是学校还是社区都得到了进一步的推广和普及。

"文化需要传承,传承需要载体。"武术作为我国沿传上千年的传统健康术,在健康中国的发展进程中,除了发挥出自身的优势特色有效传播其健康价值、方式和理念之外,更重要的是能够在它的健康价值得到推广和普及过程中,将中国传统文化的精髓和内涵渗透到了祖国甚至是世界的各个角落。当人们观赏中国武术时,能够在武术动作的演练中感受到中国文化"重和谐""尚整体"的健康思维;当人们在练习中国武术时,能够在一招一式中体悟中国文化"尚善守中""无过不及"的文化倾向;当人们在品味中国武术时,能够在招法与进退中体验"内圣外王""推己及人"的文化意蕴和文化精髓。可以说,中国武术在当代的传承、发展和普及,自身所担当的文化传承的使命占据着极为重要的地位,作为中国传统文化的活态载体,早已在"武术健康价值"的劲风旗帜下扬帆起航。

第二节 武术健身价值的体现

一、增强体质

科学进行武术锻炼能够强身健体、通脉活血。武术对健康非常有益,是全民健身中非常重要的组成部分。从武术的内容来看,武术既有技击功能,又有健身功能,还有吸引人的表演功能。源远流长、博大精深的中华武术有众多门派、流派,华夏大地上都有关于武术流传的痕迹。许多专家、学者从现代生理保健方面充分肯定与高度评价了武术的不同表现形式。以武术的代表项目之一太极拳为例,这项运动深受广大群众喜爱,它讲求正确的呼吸方法,在传统中医学说的渗透下强调"以意导气",这也是人们在

第四章　新时代武术健身价值及其科学发展研究

练拳时要恪守的原则,长期坚持不懈地进行太极拳锻炼,不仅能将人体任督二脉打通,甚至能将奇经八脉打通,使机体的血液循环功能增强,从而使全身黏膜系统的免疫功能大大改善与提升。运动医学专家指出,老年人经常打太极拳不仅有助于改善体格,还有助于增强骨骼系统、神经系统、循环系统、免疫系统、消化系统等身体机能,从而提高身体素质健康水平。

再比如,经常从事八卦掌锻炼可明显地改善运动系统(骨骼、关节、肌肉等)的结构和机能,对老年人尤其重要。而且还能使老年人的心血管系统、呼吸系统、视听觉平衡机能均得到锻炼和增强。武术的各类拳种如少林拳、长拳、南拳等都能起到显而易见的强身健体作用。

二、壮内强外

《老子》中说:"是谓深根固柢,长生久视之道。"武术强调内外兼修,对身体的好处体现在多方面,长期坚持练习能获得壮内强外的良好效果,这是国人经过千百年习武实践和学者经过多年科学研究而证明的事实。例如,武术长拳类的套路包括屈伸、跳跃、回环、跌扑、平衡等动作,在锻炼中不仅要求全身各个器官组织积极参与,还要求呼吸的配合和内在的精神贯注,尤其是练习基本功可以使人体肌肉力量增强,使肌肉韧带的伸展性提高,使关节运动幅度加大,从而促进柔韧性的改善。而散打运动中的起动、格挡、躲闪、回击及判断等能够使人体各方面的运动素质都得到协调发展。

三、防治疾病、延年益寿

武术运动锻炼中,不仅要求外在形体动作准确规范,还要求内在精神传意,这是中国武术的独特之处。武术强调内外统一、兼修,内指气息运行和心志活动(心、神、意等),外指形体活动

(手、眼、身、步等)。内与外的统一也就是形与神的统一,也就是既要在外修筋骨肌肤,又要在内修心神意气。这可从武术拳法中得到体现,如太极拳主张身心合修,要求"以心行气,以气催力,以力运身,以意导动";少林拳要求"外练手眼身法步,内练精神气力功";形意拳讲究"气势相连,内外六合,心气一发,四肢皆动"。这些拳法都要求"心动形随,形断意连,势断气连",即要求习武者将外在形体动作和内在精气神结合起来,达到内外统一、协调一致的境界。总之,在遵循基本要求的基础上科学进行武术锻炼,可达到防病疗病,陶冶情操的积极效果。作为一项强身健体的体育项目,武术对内能理脏腑、通经脉、调气血、振精神,对外能利关节、强筋骨、健肌肤、壮体魄,可使人的身体素质全面提高,使机体内环境的平衡得到调节。长期坚持武术健身锻炼,不仅能防治机体各系统的常见疾病,如神经系统疾病、循环系统疾病、呼吸系统疾病、消化系统疾病等,还能促进血液循环和物质代谢,减少体内淤血,使因神经系统机能紊乱而产生的疾病得到有效的预防,特别对改善肺组织的弹性、增强肺的通气功能及二氧化碳代谢功能非常有效。此外,在武术锻炼中还能改善脊柱的形态和组织结构,提高关节活动的灵活性。

总而言之,武术符合人体健康科学,能够使人修身养性、延年益寿的需求得到满足。

第三节 武术健心价值的体现

一、武术与智力发育

在武术强身健体功能的分析中已经提到,内外协调,形神兼备是武术运动的一大特色,武术对外在形体动作的规范、内在精气神传意是同等重视的。也就是说武术传达的是一种整体运动观,核心是内外合一。作为武术运动的重要组成部分,武术套路

第四章 新时代武术健身价值及其科学发展研究

运动在技术上对内外合一的整体观有突出的强调,要求练习中做到心动形随,形断意连,势断气连,完整一气。这也是武术套路运动的基本特点和风格,习武者不仅要有目的、有意识对外在的身体活动进行控制,还要高度集中注意力,注意意识、呼吸的配合,使之与外在形体动作协调一致,否则完成的动作将毫无意义。

武术运动也是现代体育的内容之一,其具有现代体育的共性,也就具有竞赛特性。武术中的对抗性搏斗项目是两个人斗智斗勇的较量,武术套路演练又体现了武术功力与技巧的统一,武术比赛复杂多变,只有具备快速接受与判断信息的能力,才有战胜对手的可能,这对人的思维能力、想象力和创造力是一个很好的锻炼。所以说武术健身运动可提高人的智力水平。

二、武术与情绪情感

武术运动有非常丰富的内容和形式,人们在武术健身练习中,可选择性很大,选择的自由度也很大,从自身条件出发选择适合自己的内容进行科学练习,有助于提高锻炼效果。武术练习过程中,习武者在心理、情感上的满足感油然而生,同时友爱、乐观、愉快等情感也能够被激发出来。例如,长期进行太极拳锻炼,能使人神清目明,性格温和,心旷神怡,豁达开朗,这不仅是对情操的陶冶,也是对灵魂的洗礼。所以,人们以"文明高雅的运动"来称赞太极拳。

人们在具有竞赛性的武术运动中可以感受变化多端的激烈竞争,能够产生喜、怒、忧、思等各种情绪体验,并可以尽情抒发心中美好的情感,合理宣泄不良的情绪,达到调节情感情绪的效果。

三、武术与意志品质

个体自觉确定目标,付出行动,克服阻碍,以实现稳定的心理过程就是所谓的意志。完成任何一项任务都需要意志,这是必不可少的重要心理保证,意志品质体现了一个人的自觉性、自制性、果断性和坚韧性。"只要功夫深,铁杵磨成针""冬练三九,夏练三伏"等中国古老的谚语正是说明了意志品质的重要性。练习武艺同样需要坚强的意志。练习者必须吃苦耐劳、坚持不懈,持之以恒,才能取得一定的效果。

不管是参加武术健身、武术训练还是武术比赛,练习者都要确立明确的目标,并要有战胜困难的勇气和决心,只有坚定不移地走下去,才能有所成就。另外,运动环境瞬息万变,练习者需要在不断变化的环境中遵守规则,灵活应变,有自制力,克服个人欲望、以集体利益为主等。可见,武术运动在培养和磨炼人的意志品质方面具有非常重要的功能价值。

四、武术与个性

个性指的是较为稳定的、具有明显倾向性的心理特征,这可以从个体的整体精神面貌中体现出来。人的需要、动机、信念、理想、兴趣、性格、气质以及能力等都是个性心理特征的内容。遗传因素和社会诸因素都会影响人的个性,而在促进个性发展方面,体育锻炼发挥的作用不可忽视,武术作为体育健身项目,同样具有这方面的作用与价值。

武术功法要求练习者立身中正,头容正直,形神合一,动作匀速缓慢,像行云流水一般绵延不断,而且要做到动静结合,刚柔相济,虚实相融。武术功法蕴含传统哲学文化,经常练习,可改变人的性格,尤其可以改变具有焦虑、急躁、易怒、多疑、小气等表现特征的 A 型性格,然后形成豁达稳健、随和沉静、乐观磊落的性格。而且,在武术锻炼中,要求人坚持不懈,常年坚持,这对人坚定毅力和沉着冷静的精神的培养也是有帮助的,还能使人克服懒散、不易集中注意力、消极薄弱的个性,从而养成健康的生活习惯。此外,多在空气清新的清晨进行武术锻炼,还会令人心旷神怡。所以说,武术不仅具有健体强身的拳术,还有博大精深的太极精神,能使人的修养提高、人格健全、性格完善。

进行武术锻炼要先将锻炼的目标明确下来,这样才有方向感,才会激励自己努力,逐渐靠近目标,这样锻炼的积极性也会提高,长期的锻炼使人将恐惧、担忧、自卑等不良心理消除,使心态更加积极向上。习武者水平不一,在练习中要互相鼓励与帮助,不得轻视或嘲笑武艺不如自己的人。基础较差的练习者在练习中会获得同伴的鼓励,也会得到指导员的积极心理暗示,这对培养良好性格和积极心理非常有好处,每个人在科学练习中不断进步,积极向上,形成良好的习武氛围。

此外,武术运动还要求习武者在锻炼中解放思想,沉下心来,集中精力,全力以赴,这也会在无形中改善人的性格,使人更开朗、自信、果敢。

五、武术运动与个体社会适应性

在现实社会中生存的任何一个个体都不是完全独立存在的,只有与周围的环境发生联系才能在社会中稳定生存下来。所以每个社会个体都必须具有一定的社会适应能力。人对社会环境及其需求吻合的心理准备状态和程度便是社会适应性。

武术内容丰富,形式多变,推手、散打、短兵等具有竞技对抗性,各种器械、拳术和对练又适合表演,各种功法能增强人体体能。不同的项目在动作结构、技术要求、运动量等方面都有不同的要求,而且各自形成了不同的运动风格,不同性别、年龄、体质、兴趣和条件的人都能找到适合自己参与的武术锻炼项目。同时,武术对场地器材没有太高的要求,俗称"拳打卧牛之地",根据实际场地大小和现实条件,练习者可以调整或改变武术练习内容和练习方式,灵活性很强。

另外,时间、季节等因素对武术运动的限制也比较小。所以和很多其他体育运动项目相比,武术运动的适应性更广泛。这也是武术运动经久不衰,传承至今,发扬光大的一个主要原因。武术的这一特点和优势为现代群众性体育活动提供了方便,群众性武术活动形式以集体练习和竞争为主,人们在活动中相互沟通、帮助、体谅,调整自我状态来为集体目标奋斗,从而有助于心理相容性的提升、人际关系的改善和和谐人际关系的建立,同时对个体社会适应能力的提高也有重要的促进意义。

六、武术促进心理健康的其他表现

(一)预防心理因素诱发的疾病

一些疾病的产生与心理因素有非常密切的关系,《内经》是我国古代最早的医学典籍,其中就明确指出,疾病的发生与神经受到刺激有关;疾病产生的内因可能出在喜、怒、思、忧、惊、恐、悲等问题上。巴甫洛夫(伟大的生理学家)也说过:"忧愁、顾虑和悲观,可以使人得病;积极、愉快、坚强的意志和乐观的情绪,可以战胜疾病,更可以使人强壮和长存。"

现代科学研究证明,从心理学理论上可以解释一些疾病的产生,也就是说发生疾病是有心理根据的。心理因素能够使人体内激素的平衡发生改变,对人体器官系统的功能造成干扰,使人体免疫能力降低。人在有不良情绪时,如紧张、生气、焦虑等,会增加血液中生物活性物质的数量,如五羟色氨、儿茶酚氨等,从而诱发一系列疾病,常见的有溃疡病、高血压、脑溢血、心肌梗塞、心绞痛等,如果一个人长期处于精神压抑状态,或神经系统长期受到不好的刺激,则神经衰弱、精神病、神经性厌食症、甲状腺功能亢进、癌症、偏头痛等病都有可能被诱发。这些不良因素如同细菌向人的机体发起攻击,使人猝不及防。与其在得病后忍受煎熬,花高额的金钱去治病,不如及早预防疾病,将致病因素扼杀在摇篮中。

武术具有心理健康促进功能,因此也有预防疾病的功能,如练太极拳时,练习者集中精神,泰然自若,从容不迫,身心全面放松,大脑充分休息,安详舒适,机体反应敏锐,动作灵活,神经系统的紧张性明显减弱,所有痛苦、焦虑、忧愁的不良心情都抛到九霄云外,可见这是一剂非常有效的良药,能有效预防因精神紧张而引起的一系列危害健康的疾病。

(二)培养沉着冷静的心态

武术中的部分项目要求练习者高度集中注意力,以意导动,意到气到,气到劲到,势随神移,内外合一。所以通过武术锻炼可同时提高身心素质、心理境界及技击水平,使人更有信心,更有智慧。而有了信心、智慧和涵养,提高了成绩,心态自然也会变得越来越沉着冷静。

(三)培养审美能力

武术包含美的因素,这能够把人积极求胜的斗志激发出来,武术的美又使其具有陶冶情操的功能。武术的审美主要分为两部分,一是技击美;二是技术美,二者有机结合,相互促进,相得益彰,将武术"以美启真"的独特审美特点和魅力充分体现出来。在武术套路演练中,"武打"的氛围是人们可以切切实实感受到的,在观看散打比赛时,观众又能从摔打跌扑、跳跃蹿蹦、闪展腾挪等形体动作变化中体会"演"的韵味。武术运动刚柔相济、动静结合的性情体现让人赏心悦目,获得美的享受。人们在观赏武术竞技和表演的过程中,审美能力不知不觉得到提高。提高竞技水平是发展武术的一大突破口,武术向奥运会进军的过程就体现了这一点。

李小龙等武术明星将中国武术搬上银幕,使全世界各地的观众为中华武术鼓掌赞叹,使中华武术在世界上产生了巨大的影响力,他们为中华武术走向世界做出了巨大的贡献。武术进军奥运会是一个艰难的过程,但我国始终没有放弃,为了坚定的目标不断努力,这预示着体现竞技性的武术竞技的观赏功能将得到进一步的加强。

(四)培养爱国主义情操

武术教育中,"武德"的教育非常重要。"武德"教育能够对习武者见义勇为、尊师重教的意识进行培养。武术教育可促进人综合素质的提高,能够对人的人生观和道德观进行改造,培养习武者与人为善、宽容博纳的气度。培养爱国主义精神也是武术教育价值的重要体现,中国武术运动员在世界武术比赛中夺金摘银,对中国人来说是极大的鼓励,激发了国人的爱国情操和民族自豪感。

第四节 武术健身活动的开展与推广

一、社区武术健身活动开展中存在的问题

(一)对武术健身知识不了解,宣传力度较弱

虽然武术运动在我国的群众基础较为深厚,但社区居民对武术相关健身知识的了解较少,认知水平较低。调查了解到,可以正确并充分认识武术健身知识的社区居民只有一小部分,而且这部分社区居民中以健身经验丰富的中老年居多。此外,在我国传统思维观念的影响下,社区居民对武术运动存在一定的偏见,认为武术运动就是一些激烈的对抗和搏斗,适合男性参与,不适合女性参与,这是对武术的错误认识或偏见,对武术的普及和发展造成了严重的影响。

人们之所以缺乏对武术健身的正确认识,主要是因为宣传力度不够,且武术传播方式单一,没有很好地运用现代化的多元传播手段,无法使社区居民对武术的需求得到满足,从而导致社区居民对武术相关知识知之甚少。为此,要在社区通过多种宣传路径提高对武术健身的宣传力度,普及武术运动,使越来越多的社

区居民对武术有更多的认识与了解,从而增强武术健身活动对社区民众的吸引力,扩大武术健身人口规模。

(二)健身环境较差,武术健身场地缺乏

当前,我国各大城市的现代化发展速度不断加快,城市高楼林立,车水马龙,繁花似锦,热闹非凡。而清新优美、安静舒适的健身环境在城市社区中非常稀缺,即使有这样的场地环境,空间也是有限的,大部分社区居民参与健身活动的需求仍然无法得到满足。在武术健身活动的开展中,充足的健身场地是保证活动顺利开展的基础,场地缺乏或不适合锻炼都会对武术健身群体的锻炼兴趣和积极性产生严重的影响,甚至会使健身者在锻炼中出现损伤。城市社区居民参与武术健身活动,大部分选择在公园、广场或社区空地进行,有限的场地资源限制了武术爱好者充分参与这项活动,也使武术健身爱好者的锻炼效果大打折扣。

(三)制度不健全,武术健身活动的开展得不到保障

社区居民参与武术健身活动,需要有健全完善的制度体系来发挥约束作用与规范作用,从而使武术健身活动开展的规范性、有序性、有效性得到保障,促进武术健身锻炼者健身目标的实现。目前,与我国武术健身活动相关的机制较少,不够健全与完善,适用于不同健身人群的健身体系还未构建,这制约了武术健身活动的顺利开展。社区居民大多是自发聚集起来结伴参与武术健身锻炼活动的,自主性较强,而且比较自由,限制因素少,练习者之间也便于交流与互相学习。但因为缺少相应的组织来引导,所以活动规模一直都比较小,这对武术健身活动的全面普及与推广是不利的。

(四)缺乏专业指导,武术健身效果达不到预期

在武术健身锻炼中,只有做到科学锻炼、长期系统地坚持锻炼,才能取得预期的锻炼效果,如果与武术健身理念、原理、原则

相违背,将参与武术健身活动的初衷抛在脑后,就无法达到好的健身效果,甚至会在锻炼中受伤。为了预防锻炼中出现运动损伤,保证锻炼效果,需加强对武术健身活动的专业指导。但当前我国城市社区武术健身活动开展中缺乏足够的专业指导力量,群众无法科学掌握健身方法,因此健身效果不佳。

在社区武术健身活动的开展中,一般是经验丰富的锻炼者领着刚参与这项运动的锻炼者来练习,也可以说业余武术爱好者是主要指导力量,但业余武术爱好者中参加过武术专业相关理论与技能培训的很少,所以他们对新人的指导也缺乏专业性。他们只是对武术健身很热爱,长期参与其中掌握了技巧,积累了经验,技术比较娴熟,但仅仅靠这些就将其称为社区武术指导员是不严谨的。总之,武术健身指导力量薄弱对社区武术健身活动的科学开展造成了很大的限制,无法保证武术健身活动的效果。

(五)组织管理松散,不够规范

我国群众体育管理主要包括政府管理和社会管理两个方面。前者又有专门管理和非专门管理两种情况,后者主要由体育社会组织和其他社会组织组成。其中体育社会组织主要包括三种类型,分别是行业体育协会、各单项运动协会、各种人群体育协会;其他社会组织主要包括工会所设体育机构、共青团所设体育机构等。

调查发现,我国城市社区武术健身活动开展中缺乏健全的管理系统,针对性政策落实不到位,无法充分发挥政府管理职能和社会管理职能。对此,必须加强对社区体育健身组织的建立,从而将那些没有清楚认识武术健身知识、对健身时间不能合理安排、健身锻炼不够积极主动的社区居民带动起来,使其科学合理地参与武术健身活动,促进武术健身的发展。

(六)缺乏相应的竞争机制及鼓励机制

合理而健全的体育竞争机制和鼓励机制会促进社区居民参

与武术健身活动的积极性的提高。而这正是我国社区体育健身活动开展中缺乏的,因而对武术健身活动的开展造成了不好的影响。社区武术健身活动多是自发行为,且活动形式不够丰富,因此使武术健身爱好者参与武术健身锻炼的积极性受到了影响,也使武术健身活动缺乏一定的生机和活力,严重影响了更多的人参与进来。

二、学校武术健身活动的开展

(一)学校开展武术健身活动的意义

1.促进武术事业的发展

随着武术的国际化传播,武术已成为世界体育文化的重要组成部分之一,且在世界体育文化中光彩夺目,熠熠生辉,发挥着巨大的影响力。不可否认,在武术的漫长发展历史中,质疑声从未停止过。例如,"传统武术的流失""武术不符合时尚潮流""丑功夫,俊把式""太极老太事件"等负面传言或新闻在网上流传着,这些都影响了武术的发展。

科研在武术事业的全面发展中起到先导作用,教育单位尤其是高校的专家教师资源丰厚,科研队伍庞大,这为开展武术科研事业奠定了雄厚的基础。在"大武术观"方针的指引下,国家从政策上扶持武术教育与武术科研,武术管理部门也给予经费支持,因此武术教育与科研工作取得了良好的成果,也促使《武术段位制推广十年规划》在现实中不断落实。在武术领域进一步加强科研力量和投入,对武术重大前沿课题如武术文化、武术教育、武术竞赛等继续进行深入研究,不断出成果、出人才,可大大从智力上支撑武术事业的繁荣发展,进而实现武术的可持续发展。

学校的武术展演、武术竞赛、武术影视等武术各方面的发展都是有限的,但在新形势下,创新理念、创新科技和丰富的素材为学校武术的发展注入了新鲜的血液,学校武术与文化相结合,并形成自己的市场,与社会相关领域亲密接轨,促进了武术产品现代化发展水平的提升,也促进了武术的科学化、专业化发展,为武术市场的全面繁荣和武术事业的健康有序发展奠定了基础,提供了保障。

2. 促进民族文化的繁荣

中华民族的发展历史有辉煌,也有曲折,中华文化也随着中华民族的命运而不断发生变化,在经受挑战、冲击后得到更新、发展,并不断突破与创新。我国经济的迅猛发展使国人的生活质量得到了很大的改善,但新旧文化急剧交替、中西文化杂糅等严重困扰了人们的文化生活,影响了人们价值观念的形成和精神走向,使人们处于忧虑、紧张等不良心理状态。潜在的危机告诉我们必须想方设法让民族文化变得强大起来。

武术健身蕴含了中华民族传统文化理念,包括传统医学、传统哲学、传统美学等,强烈的民族风格和丰富的民族内涵渗透其中。在改革开放不断深化的今天,民族文化应该更加从容、自信,更加珍惜并弘扬中华民族的优秀文化,更加积极主动地投入到精神文明建设中,并更加胸有成竹。作为中华民族传统文化的象征符号的武术不仅有强身健体的功效,而且在陶冶情操、修心养性方面也有独特的功能,因而能够满足人们追求人生的更高境界。同时,武术健身发展的科学化同步与现代人身心、社会适应等方面的发展相契合,因而武术健身拥有了强大的推广优势,如简单易学,练习形式多样,场地要求较低,健身效果显著等。此外,按照科学的方法创编整理一些武术动作,可进一步丰富武术的内容,给健身爱好者提供更多的选择。

学校民族传统体育教学的开展形成了浓厚的民族传统文化氛围,这为发展武术健身提供了良好的环境。武术作为中华民族传统体育文化的载体,通过国际舞台向全世界人民散发魅力,武术健身已在社会的各个领域都有渗透。武术健身在学校的推广不仅是学生强身健体的需要,更是传承和弘扬中华民族优秀传统文化的需要。

3. 促进武术健身的推广

学生是社会文化群体中的一部分，其具有一定的特殊性，且对新知识的吸附性较强。在学校推广武术健身，应对学生的学习能力、兴趣爱好等特性加以把握，使其积极参与到推广武术健身的过程中，在不断形成武术健身习惯的同时，将科学的武术健身理念带到社会中，对更多的人产生积极影响。

以武术在高校的推广来说，大学阶段是人的性格和认知不断走向成熟的关键时期，大学生在不断完善自我的同时也在慢慢地向社会化转变，大学这个时期发挥着特殊的作用，即承上启下，在这个阶段，利用这个关键的契机普及与推广武术健身再好不过，加上武术健身简单易行、对场地设施要求低、投资少等优势，更容易赢得大学生的认可。调查了解到，高校体育教学中，武术已成为普遍的课程，而且大学生对于武术的接受程度也是比较高的。此外，高校武术社团极大地促进了武术的推广与发展。武术社团有很多大学生会员，他们是武术爱好者，也是传承武术的重要力量。这些社团甚至会聘请校外知名武术高人来执教与指导学生练习。武术社团的成立是大学生力量汇聚的结果，而且社团也是以大学生为主体而开展活动，这为高校武术健身的推广提供了重要的组织与人力保障。

另一方面，大学开展武术选修课为进一步推广武术健身提供了重要的内部保障。武术课程现阶段在我国各大高校开展得较为普遍，很多高校都以必修课或选修课的形式开设了武术课，这都是借助学校力量推广武术健身的坚实保障。

4. 扩展武术的全民健身领域，提高武术的社会影响力

很多人都片面地认为只有武术爱好者或武术专业人员才能享受参加武术运动的"专利"，从而人为地给武术增添了神秘色彩，也人为地认为武术是有距离感，可望而不可及的。近几年，我

国各地如火如荼地开展全民健身运动,加上国家从政策上保障进一步推广与宣传武术健身运动,武术的神秘面纱逐渐被揭开,大众对这项运动慢慢熟识,越来越多的人被吸引,从而参与进来。早在2009年,中国青年报社就通过某网络开展了对武术健身的相关调查,在接受调查的2641人中,认为武术是非常具有中国特色的健身项目的人有79.0%,支持将武术运动列为全民健身内容而大力推广的人有89.1%。经过了将近十年的时间,武术健身推广进展可观,成果颇丰。

我国教育部和国家体育总局于2010年联合下发《全国中小学系列武术健身操》这一关于推广与实施武术健身的文件,该文件使全国中小学掀起武术健身热潮。2013年,体育总局举办"2013全国武术健身操培训班",这使武术健身项目在全民健身活动中得到进一步的普及与推广。

此外,武术健身活动也因大众体育活动和相关赛事的不断举办而得到了进一步的推广,如我国开展的"全民健身日"活动中有关于武术健身的活动,这些活动由中国武术协会引领,各地方武术协会共同参与其中,各武术协会工作的积极性因此而被广泛调动起来,武术健身项目在众多体育项目中彰显了自己的优势,有关部门对广大群众进行规范有效的科学武术健身给予正确的引导和指导,全面性地宣传了武术健身运动,这为学校武术健身推广提供了良好的社会环境。此外,学校尤其是高校也开展各式各样的武术套路、太极拳等比赛活动,对武术健身的发展起到了极大的推动作用。

（二）学校开展武术健身活动的影响因素

1. 政府方面的因素

（1）学校武术健身活动的组织与实施离不开相关政府部门的大力支持和监督。教育主管部门要推动校园武术政策积极落实,不定期检查学校武术健身活动的实施情况。政府部门只有对此给予高度重视,才能引起学校领导的重视。

（2）教育部门和国家体育总局都比较重视校园武术的开展,为推广校园武术而采取了一系列措施。《九年义务教育全日制初级中学体育教学大纲》中规定将武术项目纳入体育教学内容中;《体育与健康教学大纲》规定体育课程构建中,武术是必修内容;全国各中小学积极开展武术健身操活动;武术段位制进校园等都表明我国政府对推广校园武术的重视。

（3）政府部门要积极改善学校的武术硬件条件,加大资金投入力度,创建良好的校园武术健身环境。

（4）有关政府部门应成立领导小组,专门负责监督与评估学校武术健身活动的组织情况,并在各种考评中将此作为一项考评指标,使评估机制的导向作用得到充分发挥,从而更好地推进学校武术健身活动的更好更快发展。

2. 社会方面的因素

（1）社会经济水平

学校武术健身、武术教育的发展速度及规模直接受社会经济发展水平的影响与制约,社会经济发展迅速,学校筹集武术经费的可能性就会提升,学校只有具备资金条件,才能及时添置武术硬件设施,这样武术健身活动的组织效率也会提高,学生对武术的需求也就能够得到保障,相应地也会扩大武术健身活动的规模。相反,如果社会经济落后,学校筹不到武术经费,武术健身与武术教育的发展都将受到致命的影响。

（2）社会环境

首先,狭义的社会环境指的是现实生活环境,再具体到学校中,就是周围社区环境,如果社区武术健身氛围浓厚,每天都有很多人在社区广场进行武术健身锻炼,那么青少年学生耳濡目染,也会受到影响,逐渐对武术运动产生兴趣。

其次,社会人文大环境也是影响学校武术健身发展的主要环境因素,这个影响是无形的,但不可忽视。中华武术是古代先人生活的印证，对我们的日常行为具有规范作用，也对我们的价值观念有很大的影响。只有在浓厚的社会武术文化氛围中，学校武术健身的开展才有希望，因此构建健康的社会武术文化氛围非常重要。

3. 学校方面的因素

（1）学校领导的重视程度

学校武术健身与武术教育的开展情况直接受学校领导对武术重视程度的影响。调查发现，部分学校领导不是特别了解与明确学校开展武术健身活动的目的和意义，所以重视就更谈不上了；学生对学校领导的态度也时刻关注着，12.3%的学生认为学校领导的重视程度影响武术健身的开展。学校领导只有对此高度重视，才能保证武术场馆器械等硬件设施的数量与质量，保证学生的武术锻炼时间，从而为开展武术活动提供基础条件。相反，假若学校领导不重视武术工作，也就不会投入足够的经费，不会添置武术设施器材，从而使学生参与武术健身的积极性受到影响，武术健身养成教育的开展也就因此而搁浅了。由此可见，学校领导尤其是高层领导对武术工作的重视是校园武术健身发展的重要保证。

（2）武术场地器材设施

武术健身活动的开展要以充足的武术器材设施配置为物质保证和基础条件，学校武术的开展同样如此。现代社会经济发展水平不断提高，学校对武术场地器材等硬件设施的投入力度也不断加大，校园武术发展的硬件条件因此而得到了一定的改善。但武术器材设施条件不能满足学生武术锻炼需要的学校依然有很多，武术教师的教学热情和学生的武术锻炼积极性因此而受到影响，对武术健身与教学的顺利开展造成了制约。

（3）武术师资队伍

学校武术教育与武术健身活动的直接执行者是武术教师，提高学校武术教学水平，加强武术师资队伍建设是发展学校武术的

第四章 新时代武术健身价值及其科学发展研究

重点。学校要定期组织武术教师进行学习、专业培训,促进武术教师专业素质的提升,鼓励武术教师全身心投入武术教学,并积极组织武术健身活动,提高武术教学质量和健身活动的组织效果,激发学生参与武术锻炼的积极性。武术教师在武术教学中应大胆改革,积极创新,从而进一步优化武术教学质量,也为学生参与武术健身活动奠定基础。学校要多引进优秀的武术教师,充分发挥优秀教师的优势,使之成为推动校园武术发展的重要力量。

(4)学生的武术健身意识

学生的武术健身意识是学生通过对武术的了解认识以及武术与自身等关系的一种自觉能动反映。学生武术锻炼行为的养成需要具备较强的武术健身意识这一前提,如果学生的武术健身意识薄弱,那么就会阻碍武术锻炼行为的养成。所以说,良好的武术健身锻炼意识是武术健身行为与锻炼习惯养成的重要条件。我国青少年学生的主动锻炼意识比较薄弱,因而影响了其锻炼行为的落实,所以要积极培养学生的锻炼意识,提高其对武术健身的正确认识,使其自觉参与武术锻炼,养成良好的锻炼习惯。

(5)校园武术文化氛围

校园是弘扬武术文化的重要阵地。学校武术健身不仅能促进青少年学生身体健康,也能弘扬武术文化和民族传统文化,同时这也是实现全民健身战略目标的重要途径。对学校武术文化氛围的营造首先应从激发学生的武术兴趣着手,对多种形式的武术活动进行组织与开展,使学生在参与中慢慢产生兴趣,逐渐形成好的健身习惯,从而推动校园武术文化建设与发展。

学校武术在浓厚的校园武术文化氛围中可以得到很好的发展,这是非常重要的发展环境,在这样的环境与氛围中,学生无形中受到氛围的熏陶,积极参与武术健身,再积极影响其他同伴,形成良性循环。

三、武术健身活动的推广策略

（一）社区武术健身活动的推广策略

1. 加强宣传，提高居民对武术健身的认识水平

我国武术健身的群众基础浓厚，社区居民尤其是中老年人对此普遍比较喜爱。武术内容丰富，练习形式多样，健身效果显著，相关部门应该从各地区社区居民的实际情况出发，进一步宣传武术健身活动，将杂志、报纸、广播、宣传栏、互联网论坛等传统与现代化传播手段充分利用起来，让更多的社区居民对武术健身活动的知识有更充分的了解和认识，对其在全民健身中的重要作用有深刻的理解，使社区居民能从个人情况出发积极参与到适合自己的武术项目健身锻炼中。

2. 创造良好的健身环境，加强武术健身场地设施建设

相关部门及社区组织应从人、财、物等各种资源上加大对武术健身活动的投入力度，对当前的健身环境进行改善，加强对武术健身场地的建设，在社区规划中，为社区武术健身活动的开展保留一定的空间，从而使社区居民参与武术健身活动的需求得到更好的满足，推动武术健身进一步发展。

3. 政府加大对武术健身活动的管理力度，科学制定与严格落实相关政策、方针

武术是中华民族的瑰宝，在推动武术传播与发展方面，政府承担着重要的使命，在全国普及武术文化，普及民族传统文化，并将武术推向世界，获得全世界的认可等是政府的职责，为此，政府需从以下几方面努力。

首先，制定推动武术健身发展的相应政策和方针，为武术健身的顺利开展提供保证，将社区居民武术健身活动的基本信息和

第四章 新时代武术健身价值及其科学发展研究

内容弄清楚,用科学方法对实践开展过程进行指引。

其次,制定武术健身运动保障机制,对外来的干涉因素形成抵抗力,确保武术健身活动在社区能够健康有序开展,这也是构建社会主义和谐社会的要求。

最后,政府部门严格管理武术组织、协会,发挥专门武术组织的职能作用,组织内部分工明确,组织之间协调合作,共同推进社区武术健身事业的持续发展。

4. 深入挖掘专业武术人才,壮大武术指导力量

当前,我国社区武术健身活动的开展因缺乏足够的指导力量而受到了制约,社区居民参与武术健身的效果也因此而得不到保证。对此,必须对武术专业人才进行深入挖掘与科学培养,从而使社区武术健身活动的指导力量不断壮大。

首先,要积极加强对外来武术专业人才的选聘,使其科学指导社区居民参与武术健身活动,保证社区居民进行武术健身锻炼的效果,促进社区居民健康。

其次,对社区居民中的武术专业人才进行挖掘与专业化的培训指导,提高其武术专业知识水平、技能指导水平,从而使社区内部的指导力量得到提升。

5. 加强对相关机制的建设与完善,提高社区居民健身锻炼的积极性

在社区武术健身活动的开展中,要从各社区的具体实际出发对观摩、表演、比赛等不同形式的竞争机制进行构建,促使横向和纵向交流的拓展,为武术健身活动增添活力,并促进社区居民参与武术健身锻炼积极性的提高与主动性的增强,将更多的社区健身爱好者吸引到武术健身活动中。

6. 基于武术特色,对合理多元的武术健身方法进行开发与设计

表演和技击是武术的两大特色,在武术健身活动的开展中,

应将这两大特色充分发挥出来,并将二者融合,在发挥武术健身功能的同时发挥其娱乐功能与竞技功能。在武术健身中融入武术的特色,对合理的武术健身方法进行开发与设计,通过多元的健身方法使社区居民对武术的功能有更深刻的理解,这能够大大增加武术健身对居民的吸引力。

社区居民参与武术健身活动,多是为了达到"健身"的目的,因此,在武术健身活动内容开发中应加强对"游戏"性武术的开发,或者对武术健身操与表演操进行编排,或者设计一些游戏类的练习方法,这不仅能够吸引居民参与武术健身,还能为武术运动的发展探寻新的方向。

(二)学校武术健身活动的推广策略

1. 提高国家政策扶持力度

首先,政府部门与专业武术人才联合对一套普遍适用于大学生群体的健身理念和健身方法进行制定,并在部分高校对此进行试运营,在实践反馈中不断修改与完善这套理念与方法,并在此基础上制定一套可行的政策法规,向各个高校下发政策文件,提高总体的宣传力度与效果。由专业武术人士参与制定的政策法规在理论上更具科学性,与实际更切合,因此在校园武术健身中对此进行宣传可获得大多数学生的认可。

其次,政府相关部门做好"后勤"工作,积极取得与校园武术社团、校园武术协会等校园武术组织的联系,密切沟通,相互协商,将大学生在武术健身锻炼中遇到的各种障碍因素及时消除,为大学生参与武术健身锻炼提供良好的校园环境。

最后,政府部门应带动相关组织在高校适时举行武术比赛或其他形式的武术活动,以集体活动的方式对武术健身的作用与功能进行宣传。通过比赛促进学生参与意识的增强,使武术健身的影响力进一步扩大;通过各种形式的武术活动,对更多的大学生武术爱好者产生吸引力,使参与武术健身运动的大学生人数不断增长,使校园武术健身活动的规模不断扩大。这样,在政府部门及武术专业人士的大力宣传与推动下,武术健身的影响力在校园内不断扩散,从而为大范围推进这项活动奠定了良好的基础。

2. 武术知名人士进校园与学生相互交流

为提升校园武术健身活动的活力与新鲜感,可积极落实武术知名人士进校园,这也是促进校园武术活动内容不断丰富的可靠路径。一般在整个推广过程中的后半部分实施这一环节,从而促进学生对武术学习兴趣的提升,避免学生因疲劳或其他因素的干扰而半途而废。学生通过与武术专业人士的交流,可以认识到自身健身中的不足与问题,从而及时改正。学生也可分享自己的锻炼心得,受到更好的启发。武术专业人士可将积极健康的武术健身思想扩散到校园的每个角落,从而推动武术健身运动在高校中的推广。

武术知名人士进校园,可通过多种多样的形式与大学生交流互动,下面分析三种常见的形式。

第一,武术知名人士与校园武术社团负责人共同对全校武术健身宣讲会进行组织举办,使全校武术爱好者与武术锻炼者积极参与这项活动,相互交流,共同进行理论探讨和技法切磋。

第二,通过表演展示的方式进行交流,打破大学生只靠观看视频的方式感受武术魅力的局面,使其亲临现场对武术表演活动进行观看与欣赏,进而提高学生的主观认识,使其更加喜爱武术这项运动,将其学习武术的兴趣进一步激发出来。

第三,选拔武术技能较好的学生与武术专业人士展开较量,使大学生充分展示自己,并在比赛中获得启发,达到自我激励的效果,这比外界的鞭策更有效果。

3. 开设武术健身课程

在高校开设武术健身课程可促进校园武术推广和传播的进一步深化。这是将大学生武术业余爱好者与武术专业练习者真正结合的关键环节,从而真正落实对武术的推广。这也是构建校园武术健身活动推广模式的核心环节,它与社团教学相区别,开设武术健身课,能够使其在"班级授课"中真正落实。社团教学只是把学生领进这个领域,而武术健身课教学是学生真正开始在该领域"修行"的过程。下面分析武术健身课程进校园的建议。

（1）武术技术学习与内涵学习相结合

在体育课上我们也能看到传统的武术课,传统武术课大都以武术套路、技法等为核心展开教学,学生对博大精深的武术缺乏文化层面的认识,这也是大学生会错误地认为武术就是"武侠片"中的"飞檐走壁"的主要原因。传统武术教学中的武术断层现象对武术健身的普及与推广、对武术文化的传承与弘扬极为不利。

随着社会的进步与经济的发展,武术文化范畴日渐扩充,根植于中华几千年文明中真实存在的武术备受大众欢迎,因而武术运动才能代代传承至今。所以,要真正在校园中普及与推广武术,进而向社会更广阔的领域推广武术,就必须在武术课程教学中将武术的内涵学习与技法学习融合起来,相辅相成,大力传承武术文化。

学习武术的内涵要理解武术深邃的文化底蕴,让学生感到学习武术是一种使命,是非常自豪的,从而激发学生对武术运动真正喜爱的情绪与态度。学习武术的文化内涵,可采用多种形式,如观看纪录片,再与理论教学、专家讲座相配合等。这种教学模式虽从武术内涵入手,但最后都会落实到武术套路教学中,从而将文化内涵的学习与技能学习有机融合,使传统武术课教学中武术文化学习不足的问题得到了解决,真正引领大学生对武术内涵进行全方位的了解,使大学生从内心深处产生对武术健身形式的认同感,这有利于他们将武术健身作为终身健身的主要内容,从而促进了武术健身推广与发展的可持续性。

（2）配套开设多种课程

传统武术教学中,学生参与武术练习从"课堂教学开始到课堂结束终止",为避免该武术练习模式继续出现,避免"外行"教

"外行"的不良问题出现,需在武术课教学中落实多种课程体系的配套开设。传统武术课堂教学中,学生只在短暂的一个学期了解武术,学期结束,武术课程结束,学生便没有更多的机会接触武术,大学生对武术的认识水平始终得不到提高。只有真正爱好武术运动的人才会利用课余时间继续参与武术练习,但机会也有限。为了解决这些问题,高校应配套开设多种课程体系,改变传统单一的武术练习模式,将多层级的教学模式运用到武术课程教学中。

4. 组织武术社团活动

校园武术社团为在学校推广武术健身运动提供了重要的人力保障和组织保障。因此,在推广校园武术健身运动中,武术社团是不可或缺的重要部分,理应得到重视,也应将此途径积极利用起来,发挥其作用。下面具体分析如何在高校武术健身运动的推广模式中发挥武术社团的作用。

(1)通过政策扶持武术社团的发展

目前,高校武术社团在组织管理上较为松散、随意,相关部门对此不够重视,而且社团也缺少经费,无法保证为社团成员提供充足的训练场地和器材,且缺少宣传,这都是高校武术社团普遍存在的问题。必须切实解决这些问题,改善社团运行现状,才能更好地发挥其推广武术健身的作用。

(2)武术社团实行分层教学制

高校武术社团在武术健身运动的推广中起到重要的带头和推动作用,这是毋庸置疑的。因此要重视武术社团的地位,充分发挥其价值。目前,高校武术社团并没有完全履行自己所应承担的责任,或履行责任的效果没达到预期,尤其是在引导武术爱好者参与武术健身锻炼上没有发挥应有的作用,社团武术教学笼统、教学质量低等是造成这些现象的主要原因。因此,目前应加强对武术社团教学和管理模式的积极改善,在"因材施教"的原则下落实分层教学模式,从而真正发挥高校武术社团推广武术健身活动的重要作用。

分层教学是从大学生武术爱好者的个人特点和实际需要出发,对学习内容进行分层安排,让学生自主选择的一种教学形式。比如,在武术基本功和套路练习中,如果不分析具体情况,所有学生都从练习基本功开始,就会使基本功底好的学生失去练习的积极性;而如果直接都从练习武术套路开始,又会使基本功不扎实的学生跟不上节奏,不能保证武术练习的质量。所以学校要根据学生的实际情况和不同起点,采用分层教学模式,这不仅可以提高学生从事武术练习的兴趣,还能取得好的教学效果。

5. 高校武术代表队联动

高校武术代表队一般都是高校的优秀武术队伍,他们是本校武术项目最高水平的代表,代表本校向外界展示本校武术水平与魅力。在高校武术健身活动的开展中,武术代表队起到了非常重要的带动作用。庞大的高校武术群体为高校间武术比赛的举办注入了新鲜的血液与无限的活力。大学生运动员积极踊跃地参加比赛,高水平高素质的教练员、裁判员积极履行自己的职责,从而为高校武术比赛的举办提供了重要的保障。

另外,国外开设了大量的孔子学院,我国向国外输送了相当数量的优秀武术教练及其他人才,利用这种便利促进了中华武术的对外传播,又将国外先进的科技和知识引进国内,实现了"双赢"。

6. 武术段位制高校考核

在武术段位制推广中,学校是非常重要的阵营,国家体育总局武术运动管理中心也对此予以认可,这在武术段位制的校园推广工作中,坚定了在全国完成武术段位制进校园的任务,即在全国各级各类教育体系中纳入武术段位制,并且将高校丰富的教学资源与平台利用起来,发挥高校推广武术段位的作用,这也是对高校广泛传播武术健身所寄予的厚望。

在高校推广武术段位制,还能使全民健身体系的内容更加丰富,使全民健身制度的严谨性进一步增强。现在,已有很多高校将设置武术段位制教程列入教学大纲,如北京体育大学、中山大学、华中师范大学等,有些高校是在课外活动中落实这项工作。宗旨是在国家武术政策的指导下,武术段位制将会在高校得到更好的落实与发展。

在高校武术健身推广策略中,将武术段位制考核放在最后一个阶段,主要是为了总结大学生的武术健身练习情况,并在这一环节发现大学生在武术健身中存在的问题与不足。该考核方式具有多样性、多层级性,考核结果能够为国家制定武术相关政策提供参考,能够对高校武术健身的大方向加以正确的把握。而且有了考核的促动,还能使大学生参与武术健身的积极性得到大幅度的提高。

第五节 武术与全民健身的融合与发展

一、全民健身概述

(一)全民健身的概念与特征

全民健身是指全国人民,不分男女老少,全体增强力量、柔韧性,增加耐力,提高协调,控制身体各部分的能力,从而使人民身体强健。全民健身旨在促进国民体质和健康水平的全面提高,全民健身活动的重点对象是儿童和青少年,倡导全民每天参加一次以上的体育健身活动,学会两种以上健身方法,每年进行一次体质测定。

全民健身所具有的特征主要包括:全民性、健身性和娱乐性、公益性、多元性和灵活性等几个方面。

（二）全民健身的意义

1. 提高劳动者的身体素质水平，预防伤病

全民健身活动的推广吸引了各行各业的劳动者积极参与体育锻炼，劳动者自身体质也在这个过程中不断改善，由繁重工作造成的身体及精神疲劳得到缓解和消除，工作效率也得到了提高。体育锻炼还使劳动者的免疫力、身体抵抗力得到了提高，使劳动者中各种常见病和职业病的发生得到了有效的预防，疾病发生率降低。而且劳动者的身心健康有所保障后，国家、企业、家庭及个人的医疗负担自然也会有一定程度的减少。

2. 调节劳动者的身体机能状态，促进工作效率的提高

运动生理学有关理论指出，在一天的时间中，人的身体机能状态会发生变化，而且变化是有规律的。从一天的开始到结束，机能状态的变化经过三个阶段，分别是"工作入门期"→"高效稳定期"→"疲劳期"。为了提高劳动者的工作效率，企事业单位可从人体机能变化规律出发组织员工进行健身操、健身气功、太极拳等锻炼，这样劳动者在体力和脑力劳动中积累的身心疲劳都可以得到有效缓解或消除，人体机能状态可大大改善，使机体变化周期中，第一个和第三个阶段的时间减少，增加第二个阶段的时间，这样的工作效率可为单位创造更多的利益。

3. 增进友谊，丰富生活

将全民健身活动推广到工作环境中，让更多的人参与到集体形式的锻炼活动中，工作人员利用锻炼身体的机会熟悉周边的人、事与环境，也可以与同事交流工作经验，增进了解，建立稳定的工作关系和友谊，从而促进企事业单位集体凝聚力的提升，使工作人员更加团结一心为单位创造利润。

同时，参与体育锻炼还能培养积极健康的生活方式与生活习惯,能娱乐生活,丰富生活,给生活带来更多的乐趣,陶冶情操,享受生活。

二、武术在全民健身中的地位

(一)武术是一项独具特色的民族健身术

在中华民族丰富多彩的健身内容与方式中,武术绝对可以称得上是一枝"奇葩",这是中华民族所特有的,从其产生之初到现在已经积累了庞大的人脉,吸引了无数的爱好者,这也是武术在漫长发展历史中所取得的显著成就。

武术在强身健体、强民卫国、防身自卫等方面都具有不可小觑的作用。近年来,我国各地频繁开展群众性武术类活动,参与这些活动的人体质明显提升,业余生活也更加丰富,这足以证明武术的作用与价值。国家前体委主任伍绍祖曾指出:"武术不能简单地看成是一个单一的体育项目,武术是更高层次上的体育项目,武术是中华民族的瑰宝,对防身、健身极有好处,它几乎是城乡经常从事体育活动人数的一半。"当前,习武热和习武风气在社会大众中逐渐形成,不管是专业武校的青少年儿童,还是武术馆的健身人群,数量都有增加的趋势,这样的成绩与各种形式的武术馆、辅导站、教拳点等在全国各地的建立是分不开的,全国参加武术锻炼的群众规模大有扩大趋势。因此,武术不仅是体育项目的组成部分,更是一项独具中华特色的民族健身艺术。

(二)服务全民健身,依靠中国传统武术

当前,关于中华传统武术的弘扬与传承,政府部门和社会各界给予了高度的关注,这能够促进传统武术更好地服务于全民健身,为社会经济发展而助力。大众武术内容丰富,形式多样,动作灵活,适应性极广,且受客观条件限制小,给大众参与带来了便利。而且,传统武术在内容与形式上都具有浓郁的文化气息,竞技武术又表现出了高难美的观赏性,还有有关部门整理、创编而成的各种拳、剑、扇、棍等武术项目。总之,武术以其独特的魅力造福民众,也赢得了广大群众的普遍欢迎与热爱。

三、武术在全民健身中的优势

一直以来,武术作为一种有效的健身方式得到了大众的喜爱,全民健身中,武术运动的群众基础极其广泛,各族人民对此都给予高度的认可,并积极参与其中。投资少、普及广、锻炼全面、健身效果显著等都是武术受人欢迎的原因,这也是武术的主要优势所在。下面具体分析武术在全民健身中的优势。

(一)武术思想基础深厚,便于人们接受

作为中华民族的传统文化瑰宝,武术自古以来就颇受重视,产生于人们生产劳动中的武术非常"接地气",与大众形成了密切的关系,可以说在全民健身中推广武术恰好与"从群众中来、到群众中去"这句话相符,因此,武术在我国的群众基础深厚是有原因的。

(二)武术内容繁多,形式多样,能适应各种健身需要

武术内容项目之多是其他体育项目无法比拟的,如百余种拳术、几十种器械等。不同的器械、拳种又有不同的技术要求,形成了不同的风格特征,其中可用来锻炼身体且健身功能显著的内容方法非常多,如刚健、勇猛的年轻人可通过参与南拳、长拳等武术锻炼达到增强体质、提升格斗技能的目的;太极拳、太极扇等运动负荷较小的项目更适合老年人;武术基本功适合儿童,可锻炼其柔韧性和协调性。在武术器械锻炼项目中,有更大的选择空间,如刀、枪、棍、剑、扇等都有健身价值,人们从自身需要、爱好兴趣出发选择适宜的项目,适时适地锻炼,可取得显著的效果。而且武术运动方法相对较为简单,所以容易入门,也吸引了很多人。

第四章 新时代武术健身价值及其科学发展研究

(三)武术动作简单易学,符合大众需要,便于开展

武术是从人类的生产劳动中发展而来的,很多动作都是从人类早期与自然界的斗争技能方法中演化而来的,所以说武术中许多动作都与走、跑、跳等人的自然本能动作无异,只要耐心坚持,很容易掌握。武术运动中有很多便于以集体形式开展的项目,即使没有专业指导,有经验的人也可以带动其他人跟着练,所以说便于开展。

(四)武术锻炼不受场地器材影响,适于广泛开展

体育运动的发展与基本的场地、器材等硬件设施是分不开的,很多体育项目因不具备这个条件而得不到开展,更无法普及,从而制约了这些项目的长期发展。而武术基本不存在这样的问题,即使现有条件简单,也可以开展一些武术活动。宽旷的田野、公园、社区空地等都可以成为武术练习的场地。可以说武术练习场地随处可见,这是武术运动与生俱来的优势,也是这项运动能够发展至今的一个主要原因。因此,我们便可以解释为什么祖国大江南北都可以开展武术运动,为什么武术运动可以深入城市、农村、学校、工厂等地。抓住这一优势不失时机地普及武术健身,可有效推动武术的传承与全民健身的发展。

(五)参加武术锻炼不受个人条件的限制

武术活动的开展不会因为人数、年龄、性别等个人条件而受限,人们可以独自一人进行武术锻炼,也可以结伴进行武术锻炼,锻炼形式可以是个人的,也可以是集体的。小组锻炼形式或集体锻炼形式对时间和场地有一定的要求,如果场地和时间允许,还可以采用对练形式。在武术锻炼过程中,每个人都应该从自己的年龄、身体状况等出发对运动强度和运动量进行控制和调节,保持适宜的身体状态,以获得最佳的健身效果。

四、武术开展对全民健身计划实施的推动作用

随着现代人健康观念的变化和体育锻炼意识的增强,全民健身将进入更多的家庭,成为人们生活中的一部分。将古老而传统的武术运动带入每个家庭中,充分发挥武术的优势与健身功能,将改变每个家庭成员的身体健康状态,这也是武术在全民健身推广中所发挥的重要作用。为此,需从以下几方面努力。

首先,对武术健身的相关知识、技术和方法大力进行宣传,使人们对武术的健身功能有充分的认识和掌握,让群众对武术的基本内容和形式有广泛而深刻的了解,从而参与其中,扩大全民健身规模。不同健身人群有不同的特点与健身需要,因此要将不同的武术健身知识与方法提供给他们,使他们在闲暇时间自主选择锻炼形式与方法。

其次,对武术的基本内容和形式加以拓展和创编,将更多更好的、积极有效的武术健身方法和手段提供给有需求的人。在传统武术模式上,对集娱乐、健身和竞赛于一体的新型健身项目进行设计和创编,增加武术的趣味性,使其更符合现代人的思维和习惯,这是现代社会中对武术进行改革的一项艰巨任务。改革结构复杂、难度大的动作方法,改革有危险性的武术器材,改革武术竞赛规则中不合适的内容,重点对武术的健身和娱乐功能进行强调,突出其可操作性和娱乐性,这会使武术运动越来越丰富多彩,也会使人们在武术锻炼中更加适应,更主动地参与其中。

再次,加强对武术健身指导中心、地方武术协会等社会化武术组织的组建,建设城乡武术社区体育指导站和活动点,为武术健身各种计划的推进提供组织保障,将大众参与武术的热情带动起来。同时举办小型武术竞赛,提高人们的参与意识。

最后,将现代科技和人文环境充分利用起来,为大众展现一个声势浩大的武术盛宴。通过各种信息媒介(电视、报刊、广播、网络等)进行武术传播。社会团体、体育指导中心、高校组织专家开展健康讲座、武术讲座,培养人们对武术运动的兴趣,使人们正视武术,使武术真正融入更多人的生活中。

第五章　新时代武术娱乐价值及其科学发展研究

当前，人们对娱乐休闲的追求越来越显著，这已经成为新时代体育运动发展的一个重要方向，因此，对于武术来说，也要在将其固有的娱乐价值充分体现出来的基础上，与社会发展和需求相结合，不断拓展和提升其娱乐价值。本章首先对武术娱乐价值的形成与发展进行了分析，然后对武术娱乐价值实现的影响因素以及新时代武术娱乐价值的发展与提升进行了研究，由此，能对武术的娱乐价值有充分的了解与认识。

第一节　武术娱乐价值的形成与发展

一、武术娱乐价值的形成

（一）武术娱乐价值的初始阶段

先秦时期，我国社会不断发展，逐渐形成并巩固了封建社会制度。这一时期人们在忙碌的生产之后便会开展一些娱乐性活动。这种习惯在统治阶层中更为显著，甚至成为生活中不可缺少的一部分。到我国西周时期，社会上层阶级流行的射礼、武舞等娱乐性武术活动就是非常具有代表性的。这也就标志了我国武术娱乐价值的初始阶段。下面具体对这两种娱乐性武术运动的情况做出分析。

第五章　新时代武术娱乐价值及其科学发展研究

1. 射礼

射礼实际上是一种射箭活动。弓箭是我国古代运用较为广泛的远射程冷兵器,它出现于旧石器晚期。在商周时代,我国的青铜制造技术迈上了新的台阶,铜金属的出现,为弓箭的箭体提供了优质的材料。器材的发展促进了射箭技术的发展。这一时期除了弓箭广泛适用于军事领域外,射箭还逐渐成为人们日常生活中的娱乐活动。不仅如此,在人们生活中的许多领域中也都有射箭的元素存在,如"家里生了男孩,便在大门外左边挂上一张弓;还要向天地四方射六只箭,以象征男孩将来成为守卫四方的勇士。"为了宣扬射箭这项活动,周天子下令修建了"射庐""射宫"等场所,周天子不仅关注射箭活动,自己也是射箭好手。从上述诸多内容中可以知道,射箭在当时是受到社会各个阶层人士普遍欢迎的。时至今日,射箭已经完全脱离了武术的范畴,成为单纯的娱乐或竞赛内容,但是在古代却与武术有着密切关注,是古代武术的重要部分之一。

后来,在西周时期,射术得到了进一步发展。由于诸多领域中射箭元素的增加,使得人们赋予了射术更多的内涵。人们逐渐将射箭从最基本的军事用途和娱乐用途上升到了一种"礼"的境界,称为"射礼"。实际上,射礼中囊括了更多道德礼仪的内容,使之成为一种非常高尚的活动。周代的射礼有四种,分别为:大射,天子与诸侯在举行盛大祭祀之前而举行的射礼;宾射,诸侯朝见天子,或诸侯互相朝拜时举行的射礼;燕射,天子、诸侯待宴会时的射礼,其用意是欢聚共商以示团结;乡射,为大夫举行饮酒时举行的射礼。《礼记·射礼》中记载:"射者,男子之事也。因而饰之以礼乐也,故事之尽礼乐而可数为以立德行者,莫若射。故圣王务焉。"

2. 武舞

武舞是一种有武术元素在内并且增添了些许艺术性的武术

表演形式。它来源于人与兽或人与人搏斗的场景。

在原始社会中,这种形式的活动一般用于军事训练或巫术活动。武舞与武术最早是相互联系的整体,后来便随着其"职能"的不同而开始分化。那时候,因为舞蹈还尚未完全发展成为一种艺术性的表现手段,因此武术便拥有重要的地位。鉴于此,原始时期武舞还保有许多娱乐价值,当然,它本身的健身性也依旧是存在的。《诗经·武》记载:"周公象武王之功,为大武之乐。"舞蹈中有"夹振之而四伐"的动作。《史记·乐书》记载,孔子对"大武"的解释是包含有许多武术动作的大型武舞。《华阳国志·巴志》:"周武王伐纣,实得巴蜀之师,著乎《尚书》。巴师勇锐,歌舞以凌殷人,前徒倒戈。"这段话讲述的意思是在战场上"巴师"就是一边呐喊一边以"歌舞"的方式挥动武器与敌人相搏。此外,还有象舞。《诗经·维清》郑注曰:"象舞,象用兵时刺伐之舞,武王制焉。"疏曰:"文王时有击刺之法,武王作乐,象而为舞,号其乐曰象舞。"文字中的"象舞"就是以武术的击刺动作为内容而组成的武舞。

当时间来到春秋战国时期后,国家逐渐陷入连年混战的局面,民不聊生,战事频繁。为了应对残酷的战争,各个国家都开始了全方位的武装,各种形式的军事训练不断展开,以此作为增加战斗力的主要方式。这个时期的统治者通常好战喜武,他们经常将武术较量作为重要娱乐方式开展。据《史记·秦本纪》记载:"武王有力好戏……与孟说举鼎,绝膑。"从记载中可见秦武王对这种带有军事色彩的武术活动狂热地痴迷,甚至为此不顾生命安危。另外,统治者们除了亲自参加各种武术活动,还喜欢观赏他人的武术搏斗以获得感官上的刺激。据《庄子·说剑》记载:"昔赵文王喜剑,剑士夹门而客三千余人,日夜相击于前,死伤者岁百余人,好之不厌……蓬头突鬓垂冠,曼胡之缨,短后之衣,瞋目而语难。相击于前,上斩颈领,下决肝肺。"当然,从现代的角度来看,这种以不计生命安危而获得娱乐感的行为是不值得提倡的,是有违"武德"的,但硬要说这是一种娱乐方式的话,最多也只能说是

第五章 新时代武术娱乐价值及其科学发展研究

从少数人的相互杀戮中取乐,总的来看,仍旧是野蛮和缺乏内涵的。

(二)武术娱乐价值的初步形成

1. 角抵运动逐渐向娱乐化方向发展

角抵运动在我国长期的武术搏击历史中占有非常重要的地位,时至今日在一些传统运动会上仍然可以看到角抵运动的"身影"。然而这项运动在汉朝建立初期一度遭到禁止。到了汉武帝时期,统治阶层的喜好以及当时社会经济的繁荣使得一度被废的角抵运动再一次获得了发展的契机。不仅如此,在原本角抵运动的基础上,又融合了歌舞、戏曲、杂技和幻术等多种艺术的元素,由此便形成了一种内容更加丰富,娱乐性更加增强的项目,名为"角抵戏"。史料《汉书·武帝本纪》记载:"元丰三年春,作角抵戏,三百里内皆来观。"元丰六年夏,"京师民观角抵于上林平乐馆",从记载中可知当时的角抵戏是广大人民群众非常喜爱的活动。角抵戏规模较大,对人、财、物的消耗都非常惊人,再加上到初元五年的严重自然灾害,元帝下令禁止角抵活动。东汉时期,角抵戏被称为"百戏",安帝又"罢鱼龙蔓延百戏"。

到三国时期,角抵又被加入了新的元素,即出现了女子摔跤,并正式用相扑之名。女子参与到摔跤活动中来在当时是非常罕见的事情。当时的文人虞江表传云:"使尚方以金作步摇假髻以千数,令宫人著以相扑,朝成夕败,辄命更作。"

2. 剑逐渐开始向艺术化和竞技化方向发展

到了战国时代,用青铜材料制成的剑是军队士兵佩戴的主要短兵装备。到秦、汉年间开始出现了骑兵,骑兵的出现打破了以往的作战理念和方式。对于骑兵来讲,面对的对手大多数为站在地面上的士兵,因此居高临下的骑兵可以使用劈和砍等动作。对于技击技术的改变,武器也要相应配合,劈和砍的频繁应用使得传统的剑逐渐被更加直接的刀所取代,而且相比于剑,刀更加坚固、不易折断。因此,剑在战争中的地位就被刀逐渐取代了。后来,剑的军事作用不断下降,但是,剑的防身自卫、文化标志和娱乐价值等功能开始日益增长,"汉代自天子至百官,无不佩剑"就很好地说明了这一点。

那时的人们爱剑,就好比现代人手中喜欢把玩文玩一样。当时佩戴剑的人越来越多(多为有身份或有文化的阶层),练习剑术已经变得非常普遍,一时间,上至王公贵族、下至黎民百姓均普遍练习剑术,整个社会习剑之风盛行。剑术的发展可谓是一代潮流,后来这种潮流又开始与舞蹈文化相结合,形成了非常有特点的剑舞、斧舞。《史记·项羽本纪》记载:"范增起,出召项庄,谓曰:'君王为人不忍,若入前为寿,寿毕,请以剑舞,因击沛公于坐,杀之。'……庄则入为寿。寿毕,曰:'君王与沛公饮,军中无以为乐,请以剑舞。'……项伯亦拔剑起舞,常以身翼蔽沛公,庄不得击。"

文章中描绘的场景应该是大多数人都非常熟悉的项庄舞剑。通过这段文字可以知道,剑舞除了可以作为款待客人的娱乐表演项目外,在一定程度上仍旧具有一些防身自卫的作用。这一时期的剑舞具备了观赏和实用的双重价值。

如果说剑舞是一种加入了更多艺术性内容的话,此时另一种斗剑则更加突出了剑的实用属性。《汉书·淮南王刘安传》载:"太子学用剑,自以为人莫及,闻郎中雷被巧,乃召与戏,被一再辞让,误中太子。"从文字中可以判定出太子对于斗剑是非常的沉迷。另外,在《典论自序》中,曹王也记载道:"余又学击剑,阅师多矣。四方之法各异,惟京师为善。……尝与平虏将军刘勋、奋威将军邓展等共饮,宿闻展善有手臂,晓五兵,又称其能空手入白刃。余与论剑良久,谓言:'将军法非也'……时酒酣耳熟,方食甘蔗,便以为仗,下殿数交,三中其臂,左右大笑。……展言:'愿复一交。'余知其欲突以取中也,因伪深进,展果寻前。余却脚鄛,更截其颡,坐中惊视。"据说曹王曾拜洛阳高手王越为师,期间刻苦钻研剑术,最终达到了非常精湛的程度。带有明显对抗性质的斗剑除了提高了剑术水平的实用性外,还对剑术的竞技观赏价值的发展也起到重要作用。

二、武术娱乐价值的发展

(一)武术娱乐价值发展的拓展阶段

隋唐五代时期对于武术娱乐价值的发展起到良好的开端作用。隋唐五代时期跨越公元581年至960年。这一时期,我国封建制度高度完善,社会政治、经济、文化、军事等均在当时的世界首屈一指,唐代都城长安一度成为世界第一城市,来自世界各地的留学生云聚在此。发达的经济、频繁的对外交流,这些都为武术的发展打下了很好的基础。社会环境的优秀,也为武术娱乐价值的体现创造了条件。特别是典型的宫廷武术表演,那种恢宏的气势和盛大的场面在唐代更是达到了顶峰。

为了更好地说明,特选择了当时具有代表性的角抵武术活动为例,对其在隋唐时期的娱乐价值发展进行详细的说明。

前面曾经说到角抵在我国流传的范围较广、时间较为悠久。当时继两晋南北朝之后,角抵运动在唐代依旧流行。可喜的是,唐代的大部分君王对角抵都有着较大兴趣,如唐玄宗"每赐宴设酺大阵山车、旱船、寻橦、走索、飞剑、角抵";唐宪宗于元和十三年二月乙亥在麟德殿设宴,邀请群臣和公主、郡王"观击鞠、角抵之戏,大合乐,极欢而罢";唐穆宗曾于元和十五年二月癸酉朔丁亥,"幸左神策军,观角抵及杂戏,日昃而罢"。从文字中的描述可以看出,大家对于观赏角抵运动的兴致很高,从观看时间上看他不仅是从早看到晚,而且"自是凡三日一幸左右军及宸晖、九仙等门,观角抵、杂戏"。此外,还有唐敬宗曾于宝历二年六月丁酉朔甲子,"上御三殿,观两军、教坊、内园分朋驴鞠、角抵";唐文宗曾于开成四年二月癸酉朔戊辰,"幸勤政楼观角抵、蹴鞠"。唐武宗、唐僖宗、唐懿宗、唐昭宗也都对角抵感兴趣。正因为统治阶层对角抵的喜爱，就使得这项运动在当时广为流行，几乎许多热闹的场合和仪式中都能够看到。不仅如此，为了满足统治者的爱好，当时宫廷里还有专门管理角抵相扑的机构——左右军，他们的职责是专门为皇室成员表演角抵。

一项运动开展得如何仅仅凭借统治阶层的喜好和开展程度并不能完全说明问题，更主要的发展情况还要看全社会各个阶层对于运动的开展情况。可喜的是，角抵运动在隋唐时期不仅在宫廷中表演，而且在民间也开展了丰富多彩的角抵活动且非常普遍和常见，特别是在一些节日庆典或祭祀活动中尤为明显。《吴兴杂录》记载："七月中元节，俗好角力相扑"；《隋书·柳彧传》也记载了当时国家在正月期间百姓组织的激烈精彩的角抵比赛，场面被描述为"鸣鼓枯天，燎炬照地"；《角力记》记载："河南有庄宗遗风，故人多习焉"。民众自发结成"社"，"募桥市勇壮者，敛钱备酒食，约至上元，会于学社山前平原作场，于时新草如苗。多至日宴，方了一对，相决而去。或赢者社出物赏之，采马拥之而去。观者如堵，巷无居人。从正月上元，至五月方罢。"从这些历史记载中均可见广大人民群众对角抵运动的兴趣是多么的浓厚，组织比赛的时间之长就是很好的例证。

通过仔细地分析可以知道，在隋唐五代时期，角抵的形式一般分为摔跤和散打两类。这一时期的角抵、角力、手搏、相扑尽管依据地区或举办时间的不同有各自的叫法，但总的来看这些运动都属于两人一对一较量的技击形式，由此可被认为是同一种活动。例如，《旧唐书·穆宗纪》记载穆宗"幸左神策军，观角抵及杂戏"，而《资治通鉴》中的记载是"上幸左神策军，观手搏杂戏"；又比如《旧唐书·敬宗纪》记载敬宗"御三殿，观两军、教坊、内园分朋驴鞠、角抵"，而《资治通鉴》中的记载是"上御三殿，令左右军、教坊、内园为击球、手搏、杂戏"。

(二) 武术娱乐价值发展的成熟阶段

对于中国的历史，在经历了大唐盛世之后，宋元时期也是较

第五章 新时代武术娱乐价值及其科学发展研究

为重要的时期。武术在这一时期的发展也比较关键,它的娱乐价值更是在此时从初始阶段走向了成熟。这点可以通过以下几个事例来证明。

(1)宋代时出现了专门介绍角力等运动的专业性著作,如《角力记》。这本著作的意义在于它是我国现存最早的一部有关角力的著作,从体育史的角度上来说它也是我国第一部体育史论著。这本著作中详细记载了角力的形成和发展,描述了诸多的理论和实践技巧指导内容,是了解和研究这一体育项目的重要依据。

(2)宋代史料中首次出现了关于武术"套子"的记载。

(3)宋代出现了有一定规模、规则和奖励办法的相扑比赛。这项赛事被称为"露台争交"。

1.两宋时期武术娱乐价值的发展

两宋时期,中华大地周边少数民族政权林立。受这种不利的国家环境影响,民族矛盾和社会矛盾日益尖锐,战乱频发。社会环境的严酷性使得统治阶层都非常重视对国家和人民的武装。宋朝的征兵制度为募兵制,并辅以武举考试来选拔尚武之材。在军事训练方面也较为严格,使用统一的训练法,并制定了考核标准。规范化的训练与兵器种类的增加,都为全社会的习武之风创造了良好条件,在这一有利的契机下,武术运动向着多元化的方向发展,其中带有表演性质的武术娱乐活动也是其中一项。另外,由于宋朝是我国历史上城市化发展最为迅速的国家,因此,宋朝的城市中不仅有以娱乐为主的武艺结社组织,而且还出现了瓦舍这一娱乐场所,为民间武术娱乐活动的开展提供了良好的环境。

2.元代时期武术娱乐价值的发展

(1)角抵

尽管在元朝民间练武是被禁止的事情,但是元朝的统治阶层却对武术情有独钟,并在阶层内部大力推广。其中,角抵运动在当时是最为流行的。《元史》记载帝王曾多次奖赏角抵优秀者,如前述武士力浑"无与敌者"。至大三年(公元1310年)武宗重赏"角抵者阿里银千两、钞四百锭"。至治元年(公元1321年),"赐角抵勇士百二十人,钞各千贯"。具体意思为参与角抵运动的优胜者根据名次的不同一次奖赏一百二十名之多的角抵勇士达千贯。由此可见当时的角抵活动在上层中的盛行程度以及盛大的规模。在那时的京都,经常可以看到官方举办的角抵表演活动,引得市民纷纷驻足观看,上引《相扑二首》中"摩肩累迹隘康衢"这句诗,指出大都人民观看角抵的高涨热情,在众多观众观看的情况下,参与角抵的勇士也越发勇猛。

(2)戏曲武打

戏曲的种类很多,武戏就是其中之一。武戏的特点主要在于其将许多武打元素加入到戏曲当中,使武术成为表演中的一部分。由此就使得千百年来,戏曲武打一直代表着武术向表演化发展的一个趋势,这种状态直到今天依旧保留着。

戏曲武打的结合主要是将武术套路的动作趋向于艺术化,并套上适当的情节,从而提高了武术套路的精彩性和可观性。如此一来,元代便出现了大量专演战争或搏斗类故事的武打戏,较为有名的如《病打独角牛》《单鞭夺槊》以及反映大规模战役的《三战吕布》《博望烧屯》等。

(三)武术娱乐价值发展的繁荣阶段

明清时期可以说是我国武术的繁荣时期。这一时期,随着火器的进一步发明和在战争中的应用,使得传统单纯依靠武术搏斗进行的战斗不再多见。武术在逐渐退出军事战争主流后,在民间却得到了最为广泛地发扬。纵观这一时期的武术娱乐活动,主要有以下两种形式。

1. 走会

走会,是流行于我国明清时期的一种表演形式。在清代,走会的规模以京城走会最为盛大。这种走会每次表演的节目非常

第五章　新时代武术娱乐价值及其科学发展研究

丰富,节目通常结尾以"会"命名,如"开路会""少林棍会""双石担会""杠子会""狮子会""幡会""坛子会"等。由于这类节目主要以武术表演构成,因此,人们又将其形象地称为"武会"。

清代的走会表演深受各地百姓的欢迎,每当走会演出到某地时,前来观看的群众络绎不绝。按照旧俗,每年农历的四月初一至十五日为妙峰山"朝顶进香"的节期;五月初一至十五日为永定门"南顶"进香的节期;六月初一至七月十五日,为运河二闸龙王庙进香的节期。每逢这类节庆或宗教庆典时,京城及附近各地纷纷开始走会,演出各种节目,游人竞相观赏。进香成了民间武术及各种游乐表演的大聚会。由此可见,观赏性的武术表演活动以其强烈的民族性、节令性和娱乐意义在中国古代娱乐活动中占据了极重要的地位。

2. 武戏

就武戏来说,明清两代是它发展的最佳时期。在这一时期,戏剧的发展较快,种类可谓百花齐放,其中武打类的戏剧更是深受人们的喜爱。一时间,众多戏班广泛兴起,他们各有各的绝活,各有各的特色。一些以擅长武打的戏剧表演非常出名,如明代安徽班就擅长演出像《目连救母》这样大型的武打戏。张岱在《陶庵梦忆》中谈到:"余蕴叔演武场搭一大台,选徽州旌阳戏子剽轻精悍能相扑跌打者三四十人,搬演目连。"该戏的演出中,刀山寒冰、剑树森罗,追杀刺击的表演令人不寒而栗。

清代在我国历史中是最后一个封建王朝,在其二百余年的统治中,拥有康乾盛世。在盛世下,人民安居乐业,生活水平不断提高,由此人们对于业余生活的质量要求不断提升。最为显著的事例就是这一时期几乎各个地方都拥有自己的知名戏班,这些戏班大多能表演武戏,特别是京剧、豫剧、粤剧、川剧等甚至以表演武戏为特色,因而要求武生、武旦、武净、武丑等角色有一定的武功。其中最为突出的要数京剧演员所掌握的武功了,通过研究发现,这些演员大多来正清代北京的安徽班,他们中的很多人自小练武,长大后从事与镖局有关的保镖工作,然后从这种职业转行来到戏班演武戏。说到镖师的专业,不能不提到清代中国的"现代化",这里所说的"现代化"并不像今天的我国这样,当初受封建制度的影响和统治阶层的思想限制,"现代化"的步伐较慢,但尽管如此,自清代开始我国也开始出现了诸如铁路、电讯等,越来越便捷和安全的水陆交通使得传统的保镖行业的市场份额缩减。为了维持生计,许多镖师不得不转行另谋生路,于是厕身梨园表演武打就是其中最好的出路。镖师的加入无疑为京剧武打增添了新的血液,如名噪清末的谭鑫培就曾作过镖师,他的表演,如《秦琼卖马》中的秦琼耍铜锏,《翠屏山》中的石秀舞刀,都被武术内行赞为"真功夫"。至于当时的武戏演员拜武门从师学艺的例子,就更是不胜枚举了。时至今日,武打仍是戏曲表演中不可缺少的重要内容。

第二节　武术娱乐价值实现的影响因素

一、观赏因素

武术的娱乐功能与其本身的体育属性紧密相关。确切地说,这个体育属性实际上就是运动的竞技属性。而对于广大人民群众来讲,体育运动的本质则在于其可以被人们学习和开展,使人们在运动中获得一种身心兼备的双重良好体验,这是体育的根本任务。另外,不能忽视的是,观赏体育活动也能给人带来心灵上的巨大满足,具体表现为使观众赏心悦目,受到运动场面的感染和激发。正是鉴于此,才使得体育活动可以拥有如此多的人的热爱,甚至是痴迷。

根据上面的论断可以清楚地知道,武术运动作为我国传统体育的重要组成部分,其也拥有十足的娱乐功能。那么,这种武术的娱乐功能,或者说是娱乐价值就成为它得以在华夏大地经久不衰的重要原因之一。其最重要的便是能满足广大民众文化生活的需要。武术活动形式多样,无论是两人或多人的对抗演练,还是一个人的套路练习或表演,均可以展现出武术带给人们的精、气、神的良好感受,深深打动每一位国人的心。再加上这些武术运动或表演还经常与民俗节气相结合,更加丰富了我国传统文化,使其相得益彰,交相呼应,成为中华民俗的重要组成部分。

二、政治经济因素

政治、经济始终是国家发展的命脉,任何一项出了问题都会导致整个国家出现重大变化。那么,在此之下的其他社会现象也会受此影响得到相应的变化,或是发展,或是消亡,或是维持原本的性质不变。武术娱乐也是如此,它的发展也会受到政治、经济的影响。

从春秋战国时期开始以及之后,我国的冶炼金属技术逐渐完善。金属武器越发精致且在实用性上更加良好,较为突出的要数剑的制作。器材的变化使得越来越多的人开始关注击剑,进而使得相关技术得到迅速发展。春秋之后,"稍增讲武之礼,以为戏乐,用相夸视。而秦更名角抵"。

到汉代时,我国作为大一统国家,其内部的社会环境良好,较之以往相对稳定,经济发展势头良好,各行各业均表现出蒸蒸日上的势头。在此期间,人们为了满足业余生活的娱乐需要,角抵戏之类的娱乐活动盛行,规模盛大。

唐宋时期,中国处于长期稳定和经济繁荣期。特别是在宋代,其国内生产总值占到世界的50%,政治、经济的发展可以说是达到了巅峰,甚至一度出现了资本主义的萌芽。在这种环境下,武术的娱乐价值大范围显现,这点从"正月望夜,充街塞陌,聚戏朋游,鸣鼓聒天,燎炬照地"和"不以风雨寒暑,诸棚看人,日日如是"的文字记载就可见一斑。而辽、金、元、清时期,由于较为突出的民族矛盾,统治阶层或是禁止武术运动,或是禁止娱乐活动,因此武术运动,或者说是武术的娱乐价值逐渐萎缩。每当民族矛盾突出时期,特别是在战争年代,武术的存在更是向实战方向发展,其本身的娱乐性质得到最大化的削弱。

三、安全因素

武术运动是一项与技击搏斗紧密相连的对抗性运动,即便是单人的套路武术,其中也有不少难度动作。不管是对抗技击,还是套路练习都具有一定的安全性问题。而娱乐的前提就是安全,如果活动缺乏安全,那娱乐性就是空谈。因此,就需要将一些动作幅度较大、动作难度较大和对抗技击的内容安全化,或是使其竞技性降低,从而达到相对安全的效果。

早期的手搏既是军队训练的重要项目,在手搏中,"摔"和"打"构成了基本技术。此后的"角力"和"角抵"则在此基础上进一步演化,并加入了"摔"的技术。到宋代时期发展成"相扑","相扑"中则完全没有打的内容,更多的是使用"推""拱""靠""摔",如此形式的搏斗更像是带有搏斗成分的表演,娱乐性质凸显。摔跤也属于这类性质,因此后来摔跤从武术中分化出来,成为单独的体育项目。

除手搏和相扑外,击剑运动在我国历史中也有着较长的历史。在历史文献中就有"日夜相击于前,死伤者岁百人"的记载,发展到三国时期,击剑运动中的剑使用"甘蔗"代替,更注重点到为止的态度,由此便更加增添了击剑的娱乐化程度。

上述几种对抗性技击技术尚且如此,就更不用说单人完成的武舞表演、射箭等套路性运动了。在合理的动作范围内,几乎不会有任何影响安全的内容。

四、社会尚武风气的因素

尚武精神是人保持勇猛刚毅性格的主旨。纵观古今,具有尚武精神的统治者往往能够开疆扩土,壮大国家。而缺乏这种精神

第五章　新时代武术娱乐价值及其科学发展研究

的统治者甚至害怕"武"的存在,并采取抑武之策,如此易使国家衰弱,甚至灭亡。但统治阶层的尚武意识是否存在,并不能影响广大民间的习武风气和武术娱乐的发展。例如,宋朝长期采用"崇文抑武"政策,导致了北宋的衰弱和灭亡。在尚武精神历经百年的刻意压制下,民族的阳刚之气遭到严重腐蚀,仁宗期间,虽也不乏狄青、王德用、种世衡、张亢等良将之材,但这些虎臣猛将也未得善终。哲宗时期一改神宗时期的"振武用兵","崇文抑武"的国策再度高扬。到徽宗时期终于发生了靖康之难。然而,在武术的发展历程中,宋代是武术发展的重要时期。其表现在习武人数众多、各种民间武术组织的出现和武术娱乐的勃兴。但遗憾的是,宋代统治者对内"崇文抑武",其崇文的程度竟然达到了无论所犯何罪"永不杀士大夫"的地步,却对外仍旧采用尽量回避战争的妥协投降政策,如此一来使国力日益孱弱。这也就是宋朝在三百多年的时间里,时常受到北方民族的侵犯与凌辱的主要原因。当然,正是在这种社会背景下,才激发了两宋时期民间习武自保的风气和武术娱乐的发展。

第三节　新时代武术娱乐价值的发展与提升

一、武术娱乐化发展中面临的问题

(一)武术自身的发展弊端

1. 武术门派众多,技术繁杂

中国武术的历史源远流长,其健身和技击作用被世人称道。然而,武术中的门派、拳法、拳种等林林总总,五花八门,难以尽数,这就使得武术在走出国门的时候,弊端尽显。如武术在国外惯称功夫,少林拳、八卦掌、太极拳、形意拳、翻子拳、南拳、戳脚、咏春拳等这些拳种和诸如"倒撵猴、龙出水、懒扎衣、金刚捣碓"这些动作很难解释清楚,在武术口传身授过程中难免出现偏差。

另外,在经济利益的刺激下,一些所谓的武坛"新秀"把原有的东西改头换面就称之为"新拳",是不利于武术正常发展的。更不利于武术娱乐价值的体现。所以武术要发展,必须对拳种进行筛选,去伪存真,树立武术的良好形象。

2. 武术市场的混乱

市场化在我国尚发展 30 余年,武术运动的市场化就更加滞后了。其发展历史较短,发展至今,还没有一个较为完整的市场机制来规范武术的发展。

在武术市场上,关于武术的虚假信息比比皆是,社会上的一些人甚至利用武侠小说和武术影视所带来的一些虚构的东西进行欺诈行为,如武术影视和武侠小说的一些神话武技被武术馆校的广告"发扬光大",使得一些辨别能力差的青少年受骗,如此倒是增加了武术的娱乐价值,可是这种将武术的娱乐化方式不免有些"挂羊头卖狗肉"之感,让人在娱乐性的吸引下参与进来,进来后却发现根本不是看到的样子,让人极度失望。这样的做法严重透支了武术的娱乐价值,严重破坏了武术的形象,扰乱了武术市场,阻碍了武术的推广与发展。武术市场的混乱不堪,假武术泛滥,必然会导致真功夫的淹没。武术市场不整顿,武术就很难得到真正的发展。

3. 武术理论体系的不完善

纵观中国武术的发展史不难发现,对武术的理论研究是十分有限的。至明清时期,武术的理论研究成果也仅限于以下两个方面。

(1)建构起了一个以阴阳五行学说为框架的古代武术理论体系。

(2)各家拳种在事实上已经逐渐形成了许多趋于相近的从择徒到训练等方面的理论共识。这些理论比较笼统和概括。

第五章　新时代武术娱乐价值及其科学发展研究

新中国成立后,武术主要在民间传习。对武术的研究主要集中在竞技武术方面,对武术的研究相对较少。民间传承武术的拳师,多数知识水平低,其教学方法大都是前辈流传下来的。他们只知道照方抓药,而没有创新,没有理论指导,在训练及练习上难免出现很多偏差。

武术传承上的重技术轻理论,重师传轻创新的状况在很大程度上制约了武术的发展。在此限制下,武术的娱乐价值就更加难以得到很好的体现。

(二)影响武术娱乐价值发展的客观因素

影响武术娱乐价值发展的客观因素有很多,主要包括政治、经济、文化和机制等因素。由于政治和经济因素在前文中已经提及,所以在这部分中便不做过多赘述。这里重点分析文化因素和机制因素对武术娱乐价值发展的影响。

1. 文化因素

中华文化历史悠久,源远流长。纵观世界文明发展史,中华文明是唯一没有中断的文明,它从古代中国到现代中国一脉相承。其中,武术的产生深深地扎根于传统文化之中,它既是传统文化的有机组成部分,又深受传统文化的影响。

随着社会的进步,影视作品和武侠小说对武术的影响发挥着越来越重要的作用。

1982年,影片《少林寺》的上演,使得全国掀起武术热潮,甚至波及世界。影视对武术运动的宣传普及起到了推动作用。然而它们带给武术发展的负面影响也不容忽视。由于影视和武侠小说中的武术采用艺术夸张的手法,势必与武术的现实本质产生偏差甚至背离。这些对武术娱乐价值的发展从表面上看是积极的,但实际上这种与武术本质相背离的行为最终对这项运动还是不利的。

2. 机制因素

我国在多年以前对非物质文化遗产的重视不足,因此在这方面的立法就更显滞后。我国政府着手对非物质文化遗产保护的立法起步晚、经验少,非物质文化遗产的相关体制尚不健全。

2004年8月,第十届全国人民代表大会常务委员会第十一次会议批准了《保护非物质文化遗产公约》,至此,非物质文化遗产的保护才开始成为国家的意志。

2002年和2003年,我国相继启动了保护非物质文化遗产的"两大工程"。

2005年3月,中国民协正式启动"中国民间文化杰出传承人调查认证和命名"项目。

以上措施的实施表明我国非物质文化遗产的保护正在形成体系,并在逐步与国际接轨。但是,我国对于非物质文化遗产的保护机制、保护措施还不完善,宣传机制、管理机制很不健全。除此之外,社会各界对我国武术的历史、武术文化缺乏认识,对武术的技击、艺术、哲学等价值认识不足,对武术的保护观念淡薄。

改革开放以来,我国对武术的挖掘以及整理工作十分重视,并且取得了一定的成果,但是由于缺少完善的保护机制和有效的保护措施,造成对武术的理论研究水平参差不齐,挖掘、整理资料的方法、手段单一。从整体上来讲,更是没有一个系统的、持续的计划保护武术,断裂现象严重,很少考虑武术的传承。更令人担忧的是,在当前的市场经济条件下,人们片面追逐经济利益,民族的传统逐渐被放弃,这就造成民族传统文化传承的断裂,使得传统的武术文化逐渐脱离了本质,更多开始追名逐利,优秀的武术及其文化也在无意识中逐渐流失。

保持文化的原生态,确保武术的原生性,加强武术的宣传,减少武术的流失等问题都值得人们深思,提高人们的民族文化自豪感、建立保护非物质文化遗产的有效机制、完善对武术娱乐价值及其文化开发的管理机制,是武术得以发展和延续的重要保障。

二、武术娱乐化发展的策略

通过分析上述武术娱乐价值在发展过程中面临的问题和相关影响因素后,就有必要从武术娱乐的角度对武术运动在今后的发展提出策略,使武术运动的娱乐性发展能够与时俱进,符合潮流变化,以期更好地为热爱武术运动的人们服务。

(一)普及武术娱乐教育

随着经济的发展,人们闲暇的时间越来越多,怎么去玩是大众越来越关心的话题,因此开展武术的娱乐教育对于武术的普及和推广就显得十分重要。应该指出的是,武术娱乐教育,并不仅仅局限于学校武术,而是包括整个社会,在全社会的范围内去指导人们怎么利用武术活动去体验快乐,享受生活。

1. 学校武术增加娱乐教育

首先,要在学校武术课程的教学中融入娱乐理念和目标。长期以来,我国的学校武术教育都是以增强学生的体制为目的,而娱乐基本上是作为教学的辅助手段。因此,学校武术教育应该把娱乐休闲的理念融入课堂的教学中,让学生把兴趣从对网络、电子游戏的迷恋转移到积极的运动中来。

其次,在武术教学中增加专门的娱乐教育的内容。第一,在课堂上可以让学生广泛尝试很多传统的,尤其是有地方特色的武术项目,通过降低动作的难度和要求,让学生在"玩"的过程中培养起对武术的兴趣;第二,以俱乐部的形式组织课外的武术活动。对于活动的项目,要广泛听取学生的意见。这样一来,可以让学生们选择自己感兴趣的项目;第三,用比赛来促进教学。比赛可以在俱乐部之间进行,也可以在年级间、班级间和班级内部进行。比赛的内容可以是在课堂上学过的一种拳术、器械或者对练。

2. 建立和完善大众武术娱乐教育的服务网络

在如今快速发展的时代,学习是贯穿人的整个一生的。因此,教育也是终身性的。大众武术的娱乐教育,是一种社会服务。要建立和完善大众武术娱乐教育的服务网络,需要靠社区体育俱乐部和盈利性的健身俱乐部来实现。

社区体育俱乐部是普及武术娱乐教育的基点。社区作为社会的基本单位之一,在社区体育俱乐部普及武术娱乐教育对于武术活动的开展就显得十分重要。此外,盈利性健身俱乐部是普及武术娱乐教育服务的重要补充。目前,跆拳道健身娱乐场馆遍布全国各大城市的街头巷尾,而武术健身娱乐场馆相对来讲就要少很多,而且很多综合性的健身俱乐部中也很少开设武术套路和散打课程。对此,盈利性健身俱乐部要加大普及武术娱乐教育的力度,让学员从快乐中对武术产生兴趣,从而慢慢投入到武术这项运动中来。

(二)武术娱乐人力资源的培养

在现代社会中最宝贵的资源是人才。对于任何一项将要开展的工作,相应的人才都是必不可少的,这关系到工作的正常开展。要将武术娱乐价值挖掘出来也需要相应的人才。而且,武术运动中涉及的内容较多,它不仅涉及了武术运动本身,还涉及了许多艺术、人文等方面的内容。鉴于此,就要系统地、有计划地培养全面型武术娱乐人才,并积极地配置一切能够利用的人力资源。

1. 武术娱乐专业人才的培养

实现这一目标要依靠体育部门和教育部门协力完成,培养的层次包括成人教育、职业技术教育和普通高等教育。由于武术涉及的面比较广,而且内容多,所以要培养武术娱乐专业人才,就要求从事这一专业的学生不仅要具备武术套路、散打、传统养生等方面的专业技能,还要掌握多项娱乐技能,并且要培养娱乐组织

第五章　新时代武术娱乐价值及其科学发展研究

和管理的能力,其就业主要是面向社区体育俱乐部、盈利性的体育俱乐部以及体育协会,还有一些相关的武术娱乐产业。而高校的娱乐专业要承担起对社区体育指导员、武术教师等人员的娱乐培训的任务,关键是帮助他们树立起娱乐服务的理念,同时要及时了解国内外最新、最流行的体育娱乐项目,并分析其流行的原因,从而取其精华,为我所用。

2. 建立武术娱乐志愿者服务体系

一些国家之所以大众体育发展得很好,关键就在其强大的志愿者网络。但是,我国由于受长期计划经济的影响,大众体育依赖政府的思想非常强烈,而自发性就比较差,所以志愿者体系一直以来都不是十分健全。在实现武术娱乐价值的过程中,我们要积极组织和充分利用好志愿者这一极具潜力的人力资源,不仅要为大众享受武术的快乐做贡献,更要为社会主义精神文明建设做出贡献。

建立和完善志愿者体系要做到以下几点:第一,学校负责招募和培训学生志愿者,帮助一些公益性的体育娱乐部门为大众提供娱乐服务;第二,在社区里建立娱乐志愿者委员会,委员会的成员由与娱乐行业相关的专家组成,这样可以为社区中的武术活动提供娱乐指导;第三,对这些志愿者的宏观调配应由政府负责。

(三)对武术娱乐的价值加大宣传力度

不论哪行哪业,信息的通畅是其在现代社会中获得发展的第一要务。现代社会是信息高速发展的社会。身边大量的信息都在指引着人们的活动方向,其中有些信息可以指引人们走上正确的道路,而错误的信息也会让人误入歧途。

人们参与武术活动,欣赏武术比赛,也需要信息的引导和支持。在当代,信息的传递主要依靠各种形式的媒体。只有充分利用好媒体的宣传功能,才能使武术运动的娱乐价值被更多的人所熟知,从而为武术发展创造新的空间。其主要的宣传形式可以有如下几种形式。

1. 增加武术类节目的播出频率

作为现今社会最具影响力、竞争力和普及范围最广的媒体之一，电视已成为人们获取信息的最主要渠道。因此，多开发和举办一些武术类的电视娱乐节目，让大众在观赏节目的同时了解和熟悉中国武术，扩大武术在人们中的影响力，让武术长期植根于人们的日常生活之中。在这方面我国已经做出了一些努力和尝试，如以"武术艺术化、娱乐化"为指导的河南卫视的《武林风》、央视五台的《武林大会》等，通过精彩纷呈的节目让观众乐在其中，深切地体会到"博艺有道、娱乐无边"的魅力。

2. 制作短片宣传武术娱乐

如果受经济等原因所限不能做场面更大、影响更广的活动的话，可以选择制作一些时段不长，能重复播放使用的与宣传武术娱乐有关的短片视频。通过这一宣传途径可以把武术丰富的内容、多样的形式、精湛的技艺和深厚的内涵展现在人们的眼前，从而逐渐加深人们对武术的了解，有效地促进大众武术的普及和推广。

3. 加大武术赛事推广力度

武术赛事具有很强的观赏价值，不仅可以丰富人们的文化娱乐生活，而且可以展现和强化爱国主义精神。武术在中国具有悠久的历史和深厚的群众基础，多举办一些武术方面的赛事，能够在社会上产生强烈的反响，这对宣传和推广武术能起到持久的作用。目前我国在这方面做过许多尝试，将这种武术赛事推广与市场相结合，出现了如"中泰拳王争霸赛""中国功夫散打王争霸赛"等赛事。其中"中国功夫和泰国泰拳争霸赛"一度还成为年度赛事，每年由中国或泰国的城市交替举办。

（四）合理利用武术场地资源

我国是一个体育资源极度匮乏的国家。因此，就更显匮乏的武术场地资源来说，合理地规划、最大限度地开发和利用有效的场地资源是广大人民群众从事武术活动的物质保障。具体的利用方法如下。

（1）对于城市中的一些开放性的广场要尽量保持全开放，欢迎和鼓励人们到城市广场中健身。

（2）加大城市中公园的开放性。公园可以作为人们娱乐活动的场所，园内的一些器材设施可以进行收费，以便维护。

（3）通过多种渠道筹集资金，合理地规划和布局，在城市中多建一些专门用于健身的广场，以便满足更多居民的锻炼要求。

（4）营利性的体育俱乐部可以适当降低收费标准，同时在社区中多开展一些武术类的娱乐活动，带动大家进行锻炼。

（5）学校场地也要进行一定的改革，一方面要充分地利用学校地理和环境的优势，加大对场地和武术器材的开发和使用，从而满足学校武术教学和活动的需要；另一方面可以分时间段对社会开放，同时加强对武术的宣传和教育，从而引导大众的自觉活动。

第六章　新时代武术教育价值及其科学发展研究

　　武术已经在国内外都有了较为普及的发展,同时,也作为民族传统体育运动项目,走入了学校中,有些高校已经开设了武术的相关课程。这就将武术的教育价值充分体现了出来。通过武术教育,能够使学生的美、品德等都产生积极的影响。本章主要对武术教育的基本理论、武术教育价值的体现、武术教育价值的实现测量以及新时代武术教学的发展进行了探究,由此,能更加深入、全面地了解新时代武术教育价值以及发展状况,现实意义重大。

第一节　武术教育基本理论

一、武术教育的概念界定

　　受多种因素的影响,古今中外的人大多尚武,亚里士多德曾指出:"尚武教育的目的应该是这样:第一,保护自己,免得被人所奴役;第二,取得领导的地位,但这种领导绝对不企图树立普遍奴役的体系而应以维持受领导者的利益为职志;第三,对于自然禀赋原来有奴性的人们,才可凭武力为之主宰。"亚里士多德的观点从侧面反映了武术教育的目的。作为传承中国体育文化的载体,武术与向往更高、更快、更强的西方体育文化一道形成了各具特色、互为补充的文化形态。

在社会发展的不同历史阶段,人们对学校武术教育价值的认识不同。在古代,学校武术教育是为统治阶级培养人才服务而表现出"重德轻力";近代,学校武术教育是力图拯救中华民族于危难而表现出"尚武精神";现当代,学校武术教育的价值追求是"人的全面发展"或"人的现代化"。但无论是哪种认识,武术教育的价值都存在于受教者(学生)发展对学校武术教育的需要,都具有满足学生发展需要的属性,具有以下特点。

(1)从物质属性来看,武术教育强调个体的发展既要形神兼养又要科学发展。

(2)从组织属性来看,武术教育要求教育者既要以规则为标又要以德礼为本。

(3)从精神属性来看,武术教育职责弘扬个性,同时又倡导仁义,既要鼓励竞争又要遵守道德,最终实现直觉切入与理性把握、宁静恬淡与激情洋溢的和谐与统一的价值目标。

综上所述,可以认为,学校武术教育价值是指作为客体的学校武术教育的属性与作为社会实践主体的学生的发展需要之间的一种特定的关系。

二、学校武术教育的基本属性

学校武术教育属性源于武术属性,武术属性最终归结和表现为自然现象的物质属性、社会现象的组织属性和人文现象的精神属性。相应的,学校武术教育促进人的自然属性、社会属性和精神属性的发展作用在武术的自然现象的物质属性、社会现象的组织属性和人文现象的精神属性中发挥着重要作用(图6-1)。[1]

---

[1] 刘彩平. 当代学校武术教育价值刍论[M]. 北京:北京体育大学出版社,2011.

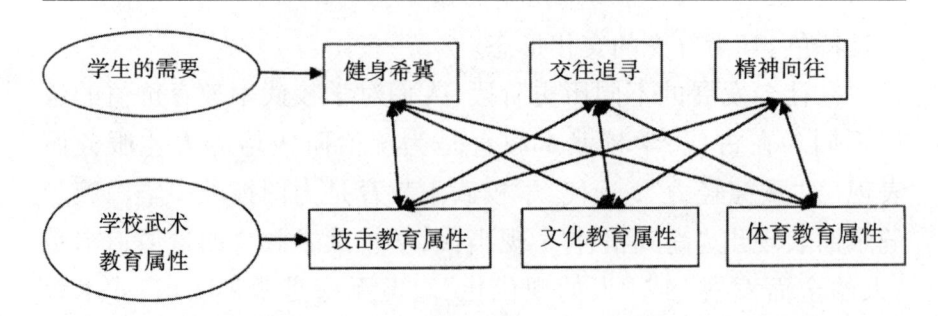

图 6-1

教育价值中主客体关系十分复杂,主要有三种表现形式,即多种属性表现出多种不同的教育价值;多种属性表现出同一的教育价值;某一种属性体现多种教育价值。因此,要想充分实现教育价值,就必须满足主体的需要,充分展现客体的属性。对于学校武术教育来说,实现其教育价值的根本方法就是充分展现其教育属性。当前的学校武术教育具有技击教育属性、文化教育属性和体育教育属性(图 6-2)。

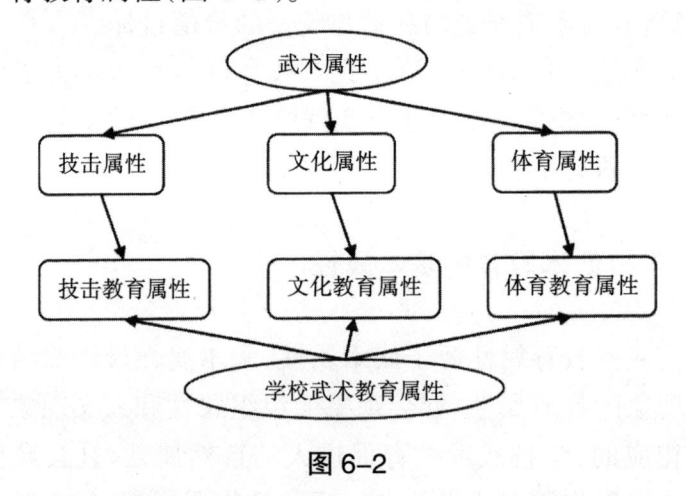

图 6-2

(一)体育教育属性

体育是通过身体运动所进行的教育,体育教育的对象是人的身体。学校武术教育属于学校体育教育范畴,它是以武术为内容,通过身体运动对人进行全面的教育。

第六章　新时代武术教育价值及其科学发展研究

对人自然属性的改造是体育的本质目标所在,体育教育的目的是增进学生身心健康,提高学生的社会适应能力,武术教学也应以此为主要教学目标,对于学校武术教育来说,与其他体育项目相比,武术教学对人的改造的独特性在于"内外兼修"。

(二)技击教育属性

武术的技击不是针对个人的,而是两人的较技、论力,是一种以"两两相当"为特征的个体性技艺较量,它是在武德和武礼的制约下进行的,这是武术发展的悖论。

学校武术教育的技击教育属性对人的作用是整体的,它体现在身体、呼吸、意念以及身心关系上均是如此。此外,武术还能通过"两两相当"提供一定的冲突交往情境,促进学生社会属性和精神属性的发展,使学生的情感、意志、品质等得到磨炼。

(三)文化教育属性

武术受中国传统文化影响,具有深厚的文化底蕴,武术习练是将内隐的思想观念与行为准则和外显的动作技巧与姿态节奏高度整合同构的过程。从文化学意义上看,与其他非体育形式的教育相比,学生对武术的学习、理解、掌握,是身体力行、知行合一、情景合一的。学校武术教育也因此区别于其他体育项目的教育。

学校武术教育各属性是对立统一的,三者相互渗透的,它们是一个有机整体。学校武术教育的本质属性是融技击教育属性和文化教育属性在内的体育教育属性。其中文化教育是对技击教育和体育教育的延伸和提升,展现了学校武术教育内涵的丰富性和深刻性。

第二节 武术教育价值的体现

武术的教育具有综合性特点,主要体现在德、智、体、美等方面,这里重点分析武术教育的德育、美育和智育价值。

一、武术的德育价值

德是武术教育贯彻始终的主线。武术的教化功能主要体现在武德中,作为武术有机组成部分的武德本身有自成体系的道德教义体系,具有德育功能。所谓武德,也就是习武、用武之人的德性。[1] 早期的武德思想主要体现在军事中的养兵用兵方面。

随着社会发展,武术的军事功能弱化,武德也逐渐延伸、扩展,但不论怎么发展,武德都体现了中国民族的优秀美德,即仁爱、重义、礼让、有信、智勇、自强、勤俭、质朴等,这些美德都值得我们继承和发扬。

(一)先秦时期的武德教育

先秦时期,学校的教育中就开始重视有关军事武技的教学内容。《周礼》中说:"乃教之六艺",即礼、乐、射、御(驭)、书、数。《孟子》中说:"设为庠序学校以教之。庠者,养也;校者,教也;序者,射也。"其中"序者,射也"是说序的意思是习射练武。以后虽然文武分途,并有重文轻武的倾向,但对于国家来说,人才的培养需要文事武备。在具体的道德实践中,仁又被赋予了丰富的道德内涵,表现为众多具体的德目。《论语·学而》中记载:"君子务本,本立而道生。孝悌也者,其为仁之本与。"孔子说:"能行五者于天下为仁矣。"这五者就是指恭、宽、信、敏、惠。武术非常重视伦

---

[1] 马艳.论传统武术的教育价值[D].山东师范大学,2008.

理道德观念的培养,它的传承和发展也是在中国以家族为本位的社会结构中实现的,因此,武术教学能使学生关爱家庭,关爱他人,进而实现"老吾老以及人之老,幼吾幼以及人之幼",关爱整个社会。此外,武术习练具有严格的规则和要求,武术的两两相搏就有明显的规则要求,学生在武术规则的制约中和德礼的规范中体悟成败,学会以平等、仁义之心对待他人。

(二)明清时期的武德教育

明清之际,身为思想家和教育家的颜元提倡实践,强调武术的实用价值,在他所主持的漳南书院的授业课程设置中就有武备课,在漳南书院中"而习礼、歌诗、学书计、举石、超距、击拳,率以肄三为程,讨论兵农,辨商今古"。

(三)民国时期的武德教育

民国以来,武术在学校体育中逐渐受到重视,1915年,武术被正式列为学校体育课程,目的不仅在于向学生传授一些武术技艺,更是注重提高学生民族意识,激发人们穷则思变、奋发图强的精神。

(四)现代社会的武德教育

新中国成立以后,武术在学校教育中的地位进一步得到加强,在举国上下为振兴中华而努力奋斗的背景下,武术作为一种民族的传统体育活动,能有效地提高广大人民群众的民族自尊心和自信心。

对现代人来说,武术武德的教育作用成为当代学校教育中很重要的一部分,武术的教育作用体现了武术在学校教育中的地位,武德教育是把握社会、实现社会价值而建立的自我约束与精神的自律体系。可以提高学生的自我修养、增强其社会责任感,能为学生步入社会之后维护社会的正常秩序起到积极的作用。

二、武术的美育价值

武术具有很高的美学价值,中国传统美学思想的审美特点在武术套路中有着集中的反映。崇尚自然之美,以自然之美为大美;追求艺术的最高理想神韵;强调武术家的人格美等都是武术美学思想的直接体现。武术的美的体现及美育价值主要表现在以下几个方面。

(一)武术的神韵美

"韵者,美之极"。美学思想家把"韵"这一特殊术语概括为"超然于世俗之外的节操,气概,从而表现出神态,风度"。"神韵"是武术运动,也是生命运动的一个极为重要的特征。

拳家将武术中的节奏形象描绘为:"动如涛,静如岳,起如猿,落如鹤,立如鸡,站如松,转如轮,折如弓,轻如云,重如铁。"在动静、起落、快慢、轻重、高低、刚柔的对立转化中表现出鲜明的节奏感。

(二)武术的意境美

在文艺作品中,"意境",通常被解释为描绘的图景和表现的思想感情融为一体而形成的一种艺术境界。而在武术中,武术套路的形成与传统美学注重意境美有密切关系。

首先,武术的套路演变中体现出意境美。武术套路是按一定的价值取向和审美需要,将具有攻防意义的技击动作进行艺术加工,它要和演练者、编创者的情感、精神融合一致,从而达到"情境"交融,"情""技"交融,神形交融。著名武术家蔡龙云先生认为演练套路时要将自己"置于一个战斗的场合",才会气韵生动、气势如虹,表现一种英武不屈、坚忍不拔的斗志和气概,再现出战斗的艺术意境。

其次,武术的动作和技法命名上体现出意境美。如"苍鹰捕食""大鹏展翅",体现了雄鹰气吞千里,力负千钧的雄伟气魄和坚忍不拔的英雄气概,给人一种威猛雄健的感觉;"白猿献果""猕猴攀枝"则体现闪展腾挪和巧妙轻灵,给人以机敏灵活、轻松活泼的乐趣;"金鸡独立""白鹤亮翅",体现了舒展自如和悠闲、潇洒的情态,给人一种舞台艺术造型美的享受。通过这些名称,闻其名如见其形,使练拳者与看拳者不仅品享其意境神韵,而且仿佛感受到了拳技套路神秘而浓郁的文学意蕴。总体来看,意境美展示了武术独特的风格和富有想象的内容,体现了武术的创造性。

(三)武术的技击美

武术拳种众多,动作千变万化,但都是源于目的的实现而引起的愉快,即掌握了攻防格斗技术而引起的精神愉悦,这是最初的审美萌芽。

随着武术内容的不断丰富,后经历代武术家将其攻防格斗的技艺加以进一步的提炼、概括、加工和程式化,逐步形成相当稳定的套路形式,使其既具有"技击"的特点,又符合生命的自由活动形式。而积淀在技击中的人的智慧、才能、力量、灵巧、勇猛、坚强等,都能给人一种紧扣心弦的特殊审美感受。

(四)武术的精神美

在武术的发展过程中,各门派都有自己的"门规"和"戒约",如"三不传""五不传""十不传""五戒约""八戒约""十戒约"以及"要诀""禁忌"等,总的来说,武术的精神美主要体现在"仁、义、礼、信、勇"五个方面。

在武术的传习中,师傅择徒要求很高,师傅不仅要看徒弟的身体条件,还要观其人品;反映到现代社会,武术教育不仅要提高学生的身体素质,更要重视对学生的精神教育,培养心理健康、人格完善,具有良好社会品德的全面型人才。

三、武术的智育价值

武术的几种智育价值表现在三个方面。

首先,武术包含了复杂的人体动作,通过动作的操练能在促进学生身体素质提高的基础上,提高其大脑的反应速度和思维能力,进而为其智力的发展提供物质条件。

其次,武术竞技是"两两相当"的武艺较量,在对抗过程中,对抗双方的较量不仅仅体现在体力上,更体现在动作反应、战术实施上,是双方斗智斗勇的过程,对习武者智力的提高具有促进作用。

最后,武术萌生于我国优秀的传统文化,包含有一定的哲学、文化、艺术、伦理、医学、军事、宗教等多学科、多领域的知识,因此,习练武术能提高学生的心智悟性。

第三节 武术教育价值的实现策略

一、加强学校武术教育宣传

推广和普及武术教育,应从根本上改变人们对武术运动的认识。因此,加强武术教育的宣传十分必要。

对于社会成员来讲,现代社会中,科技发达,媒体种类众多,各种宣传媒体应积极宣传武术在学校体育中的地位和作用,宣传武术对青少年儿童的健身作用和文化教育价值,使社会上更多的有识之士认识到武术作为学校教育的重要内容之一,从而推动社会对学校武术教育的关注和支持。

对于学生来讲,加强武术教育的宣传可以使越来越多的学生重视我国民族传统体育的学习和锻炼,自觉地形成热爱民族文化,尚武崇德,习武健身的风气和习惯。在此基础上,使武术运动不仅成为学生增强体质的手段,更成为一种育人手段。

二、科学选编改革学校武术教材

(一)武术教材的选编

目前,在我国学校武术教学中,教材存在着各种各样的问题,而教材在学校武术教学中发挥着重要的作用。教材不仅是教师教学的工具,而且是学生学习的向导,其质量影响着学校武术教学的质量,也制约着学生对武术知识和技能的掌握。因此,为了促进学校武术教学更好的发展,编写与现代武术教学相适应的教材,保证教材的规范、系统和科学具有深远的意义。

具体来说,要求武术教材选编者在实际工作中应注意以下几点。

(1)在编写教材的过程中要严格要求,与国外的一些先进的理论观点相结合,完善教材内容。

(2)在编写过程中,既要保证教材的科学性,还要注意教材的实用性、趣味性和可读性,增加学生对学习武术的兴趣。

(3)武术教材内容中既要有对武术理论知识的讲解,也要有对武术具体技术动作的介绍,让学生理解武术的内涵,掌握武术的基本技法。

(二)武术教材的改革

学校武术要想取得更好的发展,合理的教材和优秀的内容是必不可少的。在学校武术教学中,必须重视武术教材的更新和教学内容的改革。

武术教学内容的改革并非易事,具体应做好以下几方面的工作。

(1)学校武术教师转变观念,树立"健康教育"和"终身教育"的思想。在教学内容改革中,对原有学生喜爱的武术项目要继承。

（2）开发新的学生感兴趣的内容，对教学内容进行改革，激发学生对武术学习的兴趣，为学生学习提供方便，使学生学习的自觉性和积极性得到调动。

（3）教学改革还包括课程结构和教学手段的改革，改变单一的套路教学和传统的教学方式，结合新的教学内容运用多种教学方式，运用新理论知识，采用新的先进的教学手段进行武术的教学。

（三）武术教材的讲解

这里重点强调武术教材讲解过程中对武术文化的重视。中国传统文化与武术之间存在着十分密切的关系，学生作为学校教学的对象，承担着继承和弘扬民族传统文化的责任和义务，学习武术就必须了解中国传统文化，在学校武术教学中，中国传统文化内容的讲授必不可少。

应该认识到，中华武术博大精深，正是由于它深深扎根于我国文化底蕴深厚的土壤中，受到了中国传统文化的影响，尤其是受中国传统文化中的儒道思想的影响。因此，对于学生来讲，只懂得武术的技术方法，而对中国传统文化一知半解，是不可能真正了解武术精髓的。

在教学中，教师要向学生阐明中国传统文化的教育思想在武术的拳法、拳理中的体现。在课堂上教授学生基本动作的同时，注重武术理论以及武术传统文化思想的传授。

事实证明，重视武术文化的教授不仅能加深学生对武术动作的理解，也能够让学生真正理解武术运动的内涵，更能从根本上转变学生对武术的认识，从根本上促进学校武术教学的发展。

三、改善学校武术教学设施建设

（1）武术教学基础设施对武术教学活动非常重要。良好的教学基础设施是教学质量的保证，只有具备较好的教学条件，学校武术教学活动才能达到预期的效果。

（2）场地、器材是武术活动教学条件的重要部分，但是当前我国的大多数学校中，体育场地、设施的建设相对滞后，从而未能为学校体育教学提供良好的教学条件，也影响了武术教学的发展。

改善武术教学设施有助于提高武术教学的质量，获得预期的教学效果，各学校为教学积极创造教学条件应做到以下几点。

（1）学校领导也应该重视起来，加大对武术教学基础设施建设的投入力度，为学生营造出一个良好的学习环境。

（2）在政策方面也要给予武术教学相关的人员适当优惠，调动教学人员以及学生的积极性，从而推动我国学校武术的发展。

（3）利用各种条件克服困难，建设运动场地并购置器材设备，为学生的训练提供条件。在场地方面，学校应该合理安排教学实践，提高场地的利用效率，避免教学设施资源的浪费。

（4）应认真分析自身具体实际，不要盲目攀比、跟风。

四、积极开展武术课外活动

课外武术活动是学校武术开展的重要组成部分，学校武术的发展仅靠课堂内的教学活动是远远不够的，课外武术活动的开展也必不可少，它可以极大地促进课堂教学，同时促进学校武术的发展。在课堂内部，学生掌握必需的基本知识和技能，在课外活动中学生对课内教学内容进行消化。将课堂教学与课外武术运动开展结合起来，课内教学和课外活动的共同发展，才能促进学校武术运动的发展。

（1）学校领导要重视课余的武术活动的开展，并将其视为武术教学工作的重要环节。

（2）学校应采取多种措施来提高教师参与课外武术活动的积极性，使武术教师积极参与到课外体育活动中来。

（3）武术教师应积极鼓励一些有利于课外武术活动进行的

社团组织的发展,如武术协会的成立,使课外活动的开展更规范,更有组织性,形成对课堂教学活动的有力补充。

(4)武术教师应注重培养社团组织中的骨干力量。武术专业教师要对社团中的学生进行帮助指导,让他们获得更快的进步。

(5)重视在课内课外提高学生对武术的认识,使学生形成良好的习武氛围,这不仅有利于学生综合素质的提高,也有利于学校武术运动的开展,同时还响应了国家全民健身的号召,从而使得中国武术这一民族优秀文化在学校得到良好发展,并间接促进武术的传承和发展。

五、革新现代武术教学模式

教学模式对武术教学的效果影响是非常大的,武术教学中要注意利用合理的教学模式,创造良好的教学环境。这是完成学习任务,引发学生的学习兴趣和学习动机,让学生自主学习的最主要、最有效的手段之一。

对于学校武术教师来说,现代教育技术的发展为学校武术教学提供了新的手段和方法,充分利用快速摄像、刻录、拍照、多媒体制作等高科技技术手段,并结合武术的全过程,可把学生学习的过程及新练习的动作以影像的形式非常形象地展现在他们面前,减轻教师备课的压力,以便把更多时间用在指导学生和从事武术教学科研方面。

对于学生来讲,同传统的方式相比,现代化的教学手段形象生动,能够容纳较多的知识,并且更新非常及时,对学生的积极作用更加明显,可以让学生更容易地掌握武术基本知识和技术方法,方便学生解决问题,同时增强教学过程的趣味性,有助于增强学生对武术学习的兴趣,让学生在教学中体会武术学习的快乐。还能培养学生的精神品质。

因此,在学校武术教学中,要积极采用现代化的多媒体教学方法,充分发挥现代化教学手段在武术教学中的作用。

第六章　新时代武术教育价值及其科学发展研究

运用现代化科技手段,探索适合武术发展的教学模式需要做好以下几方面的工作。

(1)教师应该将更多的时间用在组织教学上,改变以往课堂上生硬的灌输教学内容的传统。

(2)教师在课堂中组织学习,要采用多种方法,并且要根据现实条件以及学生的实际情况来进行。

(3)教师要重视培养学生的自信心,并同学生建立起平等的关系,营造融洽和谐的课堂氛围,这样就能充分发挥教师和学生的主观能动性,取得最佳的课堂效果。

六、加强武术师资队伍建设

学校武术师资队伍的质量好坏关系到学校武术教学改革的成败,关系到我国学校武术教学的发展,要提高我国学校武术教学的质量,就必须要加快师资队伍的建设。

目前,我国学校武术教师素质的提高主要通过武术业务培训和武术科研两个方面。一方面,随着我国的学校武术教师不断年轻化,教学经验和科研经验相对缺乏,这时候就需要老教师发挥带头作用指导青年教师,向他们传授教学经验,提高他们的教学能力,从而促进青年教师的迅速增长;另一方面,青年教师也可以为老教师们带来新的教学思想和教学活力,并拓展教学科研新思维,从而最终提高学校武术教师的素质和专业水平,促进学校武术教学的发展。

当前,提高我国各级学校武术师资力量需要做好如下相关工作。

(1)国家政府部门应为加快师资队伍建设提供政策或资金支持,如为体育院校创造条件,加强对学校武术教师的培训,鼓励学校武术教师进行武术方面的科研等,多方面、多形式加快学校武术教学师资队伍建设,最终促进学校武术教学的发展。

(2)培养武术教师的各体育院校要建立自己的教学体系,这直接影响着师资队伍的水平。提高师资队伍的水平,必须要求各体育院校的教学内容和课程设置要根据现实需要,在注重基本技能培养的同时,深入研究各类健身的功法机理和理论方法。

（3）培养武术教师的各体育院校要重视对师资队伍中各武术教师教学技巧的培养。教师的教学技巧在武术教学课堂中起着重要作用,直接影响着学生的学习兴趣以及学习效果。语言表达对于教师非常重要,它是教师进行教学活动的主要媒介。武术教师在教学中要注意语言表达的技巧性,授课要清晰准确、凝练简洁,并且要注意逻辑性和生动性。武术教师在教学中经常采用生动形象的语言对提高学生练习兴趣和教学效果有着积极的作用,如讲解武术动作运用具有非常形象的比喻,可以让学生听得饶有趣味,也能使动作要求具有形象,使学生明确动作要求和完成动作的方法。

（4）各级开展武术教学的学校需要随时关注客观现实,根据学校师资需求情况对武术教学的内容进行调整,培养出符合需要的师资,体育院校还要与普通院校相结合,加强联系,共同促进师资培训的进步。

（5）学校武术教师本身应不断学习,提高自身教学能力。首先,教师要具备敏锐的观察能力,积极观察学生的学习态度等情况,适时对学生进行表扬鼓励,提升学生的自信心。其次,教师在武术教学中要平等对待学生,做到一视同仁,对接受能力好的学生要积极表扬,对待接受能力差的学生,要有耐心,多鼓励,热情指导,提出改进意见,使学生深刻体会到教师的热忱、亲切、真诚,让每一个学生都能通过自身努力完成学习任务。

七、完善学校武术教学考核

学校武术教学的考核是至关重要的,它关系到教学的效果以及学生的学习情况。目前,学校武术教学中的考核制度存在着不合理的因素,必须进行相应的调整和改革。

第六章　新时代武术教育价值及其科学发展研究

科学考核制度的建立会对学校武术的发展起到非常重要的作用。要求在考核中重视以下两方面的工作。

（1）教学考核要根据武术选项课的目的、任务与要求进行，积极探索，保证考核制度的合理性与科学性。

（2）教学考核过程要以人为本，注重考核内容的选择，采用多样化的考核形式，并根据学生的具体实际，进行科学、合理、客观的评价。

八、加强校内、校际间的交流与合作

作为我国传统的优秀体育项目，发展到现在，武术运动已经成为各学校运动会中必须参加的比赛项目。因此，通过加强学校校内与校际武术的交流与合作，能对武术运动在学校体育教育中迅速发展起到"催化剂"的作用，而且，就当前来看，这种以武术竞赛促进武术在学校发展的策略是非常可行的。

（1）学校相关部门可采取强制性的政策来约束和加强人们对武术运动的认识和观念的改变，并引起各级领导对武术运动的重视，从而加强武术运动在学校教育中的地位，促进武术在学校教育中的大发展。

（2）武术比赛项目的选择应该具有针对性和强制性。在学校间举行的武术竞赛项目应与全国体育运动会武术比赛的项目设置大体相同，特别是大学生运动会武术比赛的项目设置应与全国体育运动会武术比赛的项目设置保持一致。

（3）重点在学校之间开展武术单项运动会，以促进学校武术运动的快速、合理、有序地发展。

第四节　新时代武术教学的发展与探究

一、武术教学本身存在的问题

(一)武术教学的目的不明确

目前,在大部分高校存在着一种现象,即武术教学的目的究竟是什么还不是很统一,是为了强身健体,还是为了学习一定的攻防技击,不能形成一个统一的认识,从而导致教师在进行教学时变得犹豫不决,不能形成很好的教学效果。

(二)武术教学的大纲和教材陈旧、单一

武术教学所用到的大纲时间久远,不能适应现代大学生的身心特点,在进行教学时,大部分老师也不愿意使用参考教材,而是根据自己的教学经验进行教学,这在一定程度上给学生的学习造成了困惑,影响了教师教学的效果。

(三)武术教学内容设置不合理

1. 武术理论内容缺乏

从相关的调查情况来看,我国高校武术教学中,对理论内容的教学是严重缺乏的,不能很好地将武术文化中的精髓和武德思想,如形神兼备、德艺双修、内外合一等传递给学生,让学生领悟到武术的精神文化,而只是将武术作为一项锻炼身体的方式进行传授,让学生简单地模仿相关的动作,这在一定程度上阻碍了学生们认识武术的真正价值,降低了他们学习武术的兴趣,从而进一步影响了武术教学的发展。

第六章 新时代武术教育价值及其科学发展研究

2.武术项目过于薄弱

在高校武术教学的内容设置方面,还是以太极拳、长拳、散打等内容为主,这些内容在一定程度上可以满足学生的学习需求,但是由于大学生的兴趣广泛,仍然需要进一步拓宽武术教学内容,比如可以设立一些武术养生功法、太极剑、猴拳、螳螂拳等拳种的学习,吸引更多学生的参与。

(四)武术教学方法缺乏创新

现阶段,虽然我国高校进行了一定的体育教学改革,但是我国的武术教学方法,仍然延续着之前的讲解示范的教学方法,学生大部分只是机械地跟随着进行动作的模仿学习,一些有利于激发学生学习兴趣的启发式、讨论式学习方法并没有被引入到武术教学当中。教师们延续着讲解、示范、练习、纠正错误的教学模式,已经不能适应新时期的学生发展,可能会导致学生对武术兴趣和热情的丢失。因此,必须对武术教学的方法和手段进行创新,才能进一步促进武术教学的发展。

(五)武术教学评价方式的单一性

武术教学的评价主要是根据学生对武术技术的掌握程度,身体素质的提高以及平时表现来进行,忽视了对学生学习态度、武术文化的掌握程度、武德等内容的评价,在一定程度上显得有些死板和不公平,从而影响了学生学习武术的积极性,进而也影响着武术教学的发展。

(六)武术师资力量的缺乏

由于高校编制等原因,很多高校在配备体育教师时,往往会选择一些大众体育项目的教师,如篮球、足球等,对于武术教师的配备不是非常积极,这就导致教授学生武术的教师可能是其他项目出身,没有很厚的武术基础。另外,由于中国武术的武术家们很少能够进入高校担任武术教师,导致学校武术师资力量在一定程度上也会显得薄弱,从而影响了武术教学的进一步深入发展。

(七)武术教学研究薄弱

武术的有效教学和发展离不开相关理论的支撑,目前高校武术教师开展的武术教学理论还很不够,主要体现在研究方法不够,没有形成良好的研究群体和研究氛围,不能很好地找到武术教学研究的切入点等,这在一定程度上也导致武术教学在实践中缺乏一定的科学理论指导,从而影响了武术教学的向前发展。

二、武术教学模式的发展策略

(一)加大武术场地设施的建设

在武术教学过程中,教学场馆设施对师生的身心活动等具有直接的影响,而且武术教学能否顺利开展,武术教学目标能否顺利实现,也在很大程度上受武术教学场馆设施完善程度的影响。要想顺利开展武术教学活动,就必须有先进的场地设施,标准充足的武术器材,这是武术教学最基本的条件,只有这样,武术教学的各种物资需要才能得到满足。但从调查结果来看,高校武术教学中的场地器材比较缺乏,难以满足武术教学的需要。很多学校都是借用足球场、篮球场、田径场等其他项目的教学场地来开展具体的武术教学,而且也不会固定在一个场地中教学,每次都是看哪块场地是空着的,就用哪块场地,专门的武术教学场地基本上没有。如果天气恶劣,不能进行室外教学时,由于场地缺乏,所以室内教学也得不到保障。武术课时量本来就少,这样一来,武术实践课的课时量就又缩减了,从而对武术教学质量造成了严重影响。面对这一现状,需从以下几方面来寻求突破和解决问题。

第一,建设标准的武术场馆设施。专门的、标准的武术场地与武术教学的发展规律更相符,更能使武术教学的各种需要得到满足,也更能提高武术教学的效率,有利于保证良好教学效果的获得。

第二,有些地区受天气影响比较严重,因而可以建设室内教学场馆设施。室内场馆的建设有利于促进武术室内教学活动的顺利进行。武术室内教学同样能够起到室外教学的作用,同样能够对武术人才进行培养。

第三,对武术教学时间进行合理安排,避免很多班级在同一时间开展武术课,这样就可以减缓对教学场地的压力,也可以对有限的教学场地进行充分的利用,从而保障武术教学活动的顺利开展。

(二)加强武术师资力量的建设

通过对我国部分高校武术教学的师资情况进行调查后发现,当前武术师资在很多方面都存在着一些不足和问题,我们主要从以下几方面来探讨如何解决这些问题,从而对一支优秀的武术师资队伍进行建设。

1. 加强武术专业人才的引进

我国高校武术师资中,普遍存在着专业武术教师、高学历教师较少的问题。对此,各高校应以实际情况为依据鼓励年轻武术教师继续深造,促进武术教师学历的提高。与此同时,高校还应注意对高学历的专业武术师资的引进,对武术师资队伍的结构进行优化,促进武术师资力量的增强。引进专业武术教师对于改善武术师资现状,提高武术教学质量至关重要。

2. 加强师资培训

调查发现,我国高校中有很多武术教师在大学期间所修的专业是武术之外的其他体育专业,学校为了使武术教学能够顺利开展,不得不从其他专业中调配一些体育教师,使之担任武术教师的职责。由于非武术专业出身,所以这些教师的专业素养和武术教学能力都十分有限,因而对武术教学的质量造成了影响。对此,高校体育管理部门应定期对武术教师进行有目的、有计划的培训,促进他们专业素养的提高、理论知识的丰富和教学能力的增强,从而使其在武术教学中更好地发挥自身的作用。只有加强相关技能培训,才能使武术师资队伍的整体水平得到提高,也才能更好地与当代大学生的学习特点相适应。

此外,武术教师自身也应积极主动地完善自己,不断更新自己的知识结构,提升自己的武术专业能力。特别是年轻的教师,应树立新的教学观念,提高自己的学历和业务能力,完善自身的知识结构,使自己的综合素质得到全面的提升,从而更进一步地达到新时期素质教育改革的要求。

3. 提高学校领导的重视程度

武术教师的工作积极性和工作效率会受到领导重视程度及工资待遇的影响。调查结果表明,高校领导不是很重视武术教学,这就直接影响了武术教师的工作积极性,也难以激发武术教师主动提升自身的专业素质与业务能力。

(三)扩大武术理论知识的传播

当前,我国高校武术课程的教学形式大都是实践课为主,在理论教学方面没有给予高度的重视。此外,受武术影视、武术小说的影响,学生尚未形成对武术的正确认知,或者说认知程度还不够深,对现实中的武术有一些误解。很多大学生都认为学校武术课程中的教学内容不是自己理想中的武术,有的认为差距明显,有的则认为完全是两个不同的事物。学生之所以未能形成对武术的正确认知,或未能深入认识武术,主要是因为其学习的武术理论知识较少。调查发现,高校虽然设置了武术课程,但是没有开设武术理论课,大都以实践课为主,有的学校虽然设置了理论课,但每学期也只安排了一至两次,这与国家规定授课要求(一常年8学时)有很大的差距。对此,高校领导应重视对武术理论

第六章　新时代武术教育价值及其科学发展研究

课的开设。

当前,武侠电视剧、电影和小说十分泛滥,虽然对于丰富人们的武术知识有一定的积极影响,但因为武侠电影对特技场面特别重视,所以就会对一些动作进行夸张的特技处理,因而导致学生对武术形成了错误的或片面的认知。学生上武术课,接触了现实中的武术后,就会因差距明显而感到失望,从而提不起学习兴趣,这对于武术教学目标的实现和武术文化的传承是极为不利的。鉴于此,在武术教学中,武术教师要加强对武术理论知识的传授,向学生讲解武术运动的真实功能与作用,使学生明白影视武术的动作画面大都是经过特技处理的,要正确看待武术特技,树立正确的武术价值观,这样才能使学生形成正确的武术认知,不断加深对武术的了解,而学生也只有在真正认识了武术的真实面貌后,才会对其产生兴趣,从而积极参与其中。

（四）树立正确的武术教学理念

学校开展武术课程教学,首先应站在对传统文化进行传承与发扬的高度上实施技能的教学,向学生传授武术基础理论、文化内涵、礼仪等方面的知识,从而促进学生对传统文化认同程度的加深,这样有利于为民族优秀传统文化的传承与发扬奠定坚实的基础。作为一个重要的教育机构,学校是对传统文化进行传承与对综合型人才进行培养的主要阵地。大学武术教学中,应将学术性、通识性、人才培养的全面性重视起来,从而保障学生在良好的校园环境中学习武术。

现代大学教育并不重视对传统文化的传承,因而对传统文化精髓的传播也不完整,这就导致学生鲜少了解传统文化知识。经过几千年的发展与演变,武术积淀了丰富的文化内涵,其与众多学科都有着密切的关系,是中国传统文化的重要组成部分。在第八届体育科学大会上,武术分会人员一致认为,武术研究应站在国学高度,肩负起促进民族体育文化复兴的历史使命。

学校在弘扬传统文化方面具有一定的优势,在武术课堂教学中,教师可以采取各种方式来对学生进行武德方面的教育,使学生对武术礼仪的标准进行体验,从而使学生对武术技术的理解不断加深,这非常有利于民族优秀传统文化在学生群体中的传播。受儒家文化的深入影响,武术在几千年的历史演变中积累了丰富的传统文化礼仪,在武术传承中,"未曾学艺先学礼,未曾习武先习德""尊师重道""行侠仗义"、重视"仁义道德"等传统礼仪一直是传承的重点。传承武术,首先要对高尚的人进行培养,其次才是传承武术技术。武术要求人们追求高尚的人格,强调对人们进行道德的教化,武术深厚的文化价值观也因此而得到了明显地反映。

现阶段,传统文化教育在学校武术教学中严重缺失,学生难以正确与深入理解武术,而且学校对传统武德教育的重视度也很低,一味强调强身健体和技能练习,将武术礼仪教育忽略了,特别是西方体育文化传入我国后,学生基本上都没有主动了解武术礼仪的意识,在这种现状下,武德教育势在必行。

(五)改革武术教学的具体内容

学生对武术课程是否感兴趣,是否能够积极参与到武术习练中,主要是看武术教学内容是否能够吸引学生,是否与学生的身心特征相符。当前,我国很多高校的武术教学内容仍然以新中国成立初期所创编的国家规定套路为主,这一内容不仅陈旧,而且有较大的难度,因此难以吸引学生的注意,无法提高学生的兴趣与积极性。有些学生喜欢武术运动,但对武术课程教学内容的安排不满意,还有些学生对武术不闻不问,更乐于学习国外的同类技击项目,如跆拳道。因此,我们需要进一步改进高校武术教学的内容,从实际情况来看,目前从以下两方面来着手对教学内容的改进是比较理想的。

第一,适当地对武术内容的难度进行调整,调低难度,从而使教学内容与学生的基本特点相适应,进而促进学生学习兴趣和积极性的提高。

第二,对武术教学内容的形式进行改革,设计武术教学内容时,并非要使学生学习整套武术套路动作,可以适当地拆开武术套路,就其中攻防性明显的、简单直接的动作单独进行教学。这样不但可以使中国武术实战对抗的特点展现出来,而且学生学习起来也比较容易,这样学生学习的主动性和积极性才会提高。此外,改革武术教学内容的形式还有利于使学生学习武术的心理需要得到满足,能够使学生对武术的认可程度不断提高。这样不仅武术课教学质量提高了,而且武术的价值也得到了充分的体现,武术运动在高校也得到了进一步传播与普及。

(六)选取适宜学生的武术教学方法

在进行武术教学时,应该采取一些符合学生身心发展的教学方法,可以充分调动起学生学习武术的积极性和主观能动性,采取学生自主参与和探究的学习方法。根据班级学生的身心特点和学校的实际条件制定合理的教学方法,促进学生对武术学习的积极性。同时也可以借鉴其他体育项目的教学方法,从中借鉴可以参考的方法,促进武术教学模式的创新发展。

(七)制定科学的武术教学评价方式

传统的武术教学主要是通过武术技术的掌握程度,以及身体素质的提高等来评价学生学习武术课程的效果,这种方式是不太合理的。应该在考虑学生掌握武术技术的基础上,进一步考察学生在学习武术理论、武术文化和武德修养方面的进步,制定科学的武术教学评价方式,提高武术教学的科学性。

第七章　新时代武术文化价值及其发展研究

武术产生与发展的时间非常早,经过几千年的发展,逐渐形成了自身的文化,从价值的角度上来说,文化价值是武术的本质价值之一。丰富多彩的武术文化在新时代发展过程中有非常广泛的体现,再加上目前对文化形态发展的重视,武术文化价值将得到进一步的发展和拓展。本章主要对武术文化内涵进行解析,在此基础上,对新时代武术文化的传承、保护,以及新时代典型武术文化的弘扬与发展进行剖析和研究。

第一节　武术文化内涵解析

一、武术与宗教民俗文化

(一)古代宗教思想与武术

在武术发展过程中,宗教曾对其产生过较大影响。而我国古代的宗教,它是由各种文化观念、伦理观念、社会观念共同构成的一个复合体,作为一种意识形态,宗教在武术的发展过程中产生了巨大的影响。其中尤以我国土生土长的道教对武术的影响最为显著。从精神和理论的角度进行分析,道教的无为、贵柔持静等思想对武术理论的建设与发展起着重要的指导作用;而从技术层面进行分析,道教的服气、行气、导引、吐纳之术则直接为武术所借鉴。后世内家拳的实践家、理论家将"以静制动""以柔克刚""后发先至"和"守弱处雌"的拳技方法和思想纳入道家的神学体系与修炼方法中;同时,道教又把以《易》理为基本架构的内、外丹修炼术和经道教融摄的古典哲学中的阴阳、五行、八卦和太极等理论,融入武术的技术与理论中,为宋明时期以贵柔持静为原则,以阴阳、五行、八卦、太极等《易》理为指导的内家拳的问世,提供了重要的技术支撑与理论依据。

除了道教对我国武术有较大影响外,佛教对武术也具有一定的影响。隋唐以后,佛教的精神和人物逐渐融入民间,其逐渐形成了具有东方式态的教派。佛教的民俗化为我国武术熔融其精神内核创造了条件。

由此可以看出,古代宗教对我国武术有着多方面、多层次的重要影响,其影响有外在、一般性的影响和内在、实质性的影响;同时又有思想、理论性的影响和实践、功能性的影响。

(二)龙狮文化与武术

1. 舞龙运动与武术

在我国传统民俗活动中,舞龙运动是我国具有悠久历史和广泛群众基础的一项传统体育活动。舞龙运动的一腾一挪、一招一式都十分讲究,与武术招式如出一辙。在舞龙过程中,引龙人要充分发挥手、眼、身、法、步的作用,从而使得一招一式都做到灵活自如、优美洒脱。在舞龙运动中,舞龙头的任务最重,在腾、跃、翻、滚时,舞龙人还应时时兼顾龙身、龙尾,做到快而不滞、活而不僵。龙身、龙尾则要紧密配合,以确保整条龙的协调统一。舞龙运动中的很多招式和动作与武术十分相似,由此可以看出二者之间的紧密关系。

2. 舞狮运动与武术

舞狮作为一项重要的民俗活动,具有流行广泛、民族风格独特等特点。舞狮表演常常在每年的春节和元宵节举行,这种隆重的喜庆仪式预示着国泰民安、吉祥如意。舞狮表演要求舞狮者具有矫健的身法、灵活的步法和娴熟的技巧，以及手法、步法和身法的协调配合，才能完成跳跃、翻滚、跌扑、翻腾以及滚绣球、过跳板、上楼台、跳桌等各种难度动作。

（三）皮影、木偶艺术与武术

在我国，皮影戏和木偶戏都是拥有历史悠久的民俗艺术。皮影戏和木偶戏因其自身所具有的漫长历史、多样的品种以及高超的操作技术，而享誉全世界。皮影戏和木偶戏中独特的偶人武打技巧深受武术文化的影响，而皮影戏的剪影方式更是淋漓尽致地诠释了中国功夫，这些独特的操纵技巧与武打艺术，是我国皮影戏和木偶戏享誉世界的重要因素。

我国古代的影戏与说唱艺术结合，在宋代就已成为市井中繁盛的表演技艺。其中，对影偶操纵的纵马扎枪、劈刀舞剑、腾云驾雾等技艺，呈现了纷繁复杂的人戏难能的表演技巧。

丰富热闹的武打场面是我国传统木偶戏和皮影戏的显著特点。各种以武侠为题材的木偶戏和皮影戏层出不穷。如皮影戏较具代表性的有《武松打虎》《杨门女将》《西游记》《水浒传》《英烈传》《封神榜》《狄青平南》；木偶戏较具代表性的有《少年岳飞》《霹雳狂刀》《真假孙悟空》等。

二、武术与伦理道德文化

（一）中国传统伦理道德文化概述

1. 儒家思想与伦理道德规范

我国传统伦理道德是中华民族在长期实践的基础上逐渐凝聚而成的民族精神，它是由我国古代思想家对中华民族道德实践经验总结而形成的。传统伦理道德规范在其形成过程中受到了各种哲学派别的影响，其中儒家思想对其影响最为重要。

第七章　新时代武术文化价值及其科学发展研究

儒家思想对传统伦理道德的形成与发展产生了重大的影响。孔子作为儒家的创始人,其在继承西周时代伦理观念的基础上,建构起了第一个完整的道德规范体系,形成了相对系统的伦理道德思想。其中,仁、义、礼是伦理思想的核心。此外,孔子还提出了孝、悌、忠、恕、恭、敬、诚、信、刚、直等德目,进一步将人与人之间的道德规范具体化。孟子在孔子的基础上,对儒家的伦理道德思想进行了丰富和发展。他认为,仁、义、礼、智四德是与生俱来的,但是需要人们加强后天的自身修养。孟子又将人际关系归纳为"五伦",即父子、夫妇、兄弟、君臣、朋友。君惠臣忠,父慈子孝,兄友弟恭,夫义妇顺,朋友有信,即"五伦十教",它是"五伦"中每种社会角色应遵循的行为规范。从孟子的观点来看,他对五种伦理关系中前后双方的要求是相互的,如"君不敬,则臣不忠"、"父不慈,则子不孝"等,但在具体的道德实践中,其内容则逐渐被歪曲,成为前者对后者的单向约束,片面强调忠孝和恭顺。发展到后来,便形成了三纲伦理。"三纲"是指君臣、父子、夫妇之间的尊卑与隶属关系,它是由西汉董仲舒提出来的。此后"三纲"便成为我国封建伦理规范的最高法则,也成为封建统治者维护统治秩序的最有力武器。儒家的伦理思想逐渐和封建政治合而为一,从而形成了中国古代社会特有的伦理政治。此外,董仲舒还提出了包括仁、义、礼、智、信的"五常之道"。从总体来看,在整个封建社会时期,儒家的道德规范体系一直独占统治地位,在很大程度上对中国传统文化的形成与发展产生了重大影响。

2. 中华民族的传统美德

伦理道德是我国传统精神文化的核心部分,是中华民族共同尊崇的价值原则。在这种价值原则的影响与作用下,中华民族传统美德不断得以形成、积累与发扬光大。仁爱孝悌、谦和礼让、真诚有信、重义轻利等民族传统美德因其所具有的宝贵价值而流传至今。这些传统美德为中华民族的发展与腾飞提供了源源不断的动力。

仁爱孝悌是我国各个历史时期都极为重视的民族传统美德。这种仁德称为各朝代中各个阶层所公认的最普遍的道德准则。

谦和礼让自古以来就被我国统治者视为治国安邦的根本，是各朝代都十分重视的传统美德。"礼"包含礼制、礼让、礼仪以及礼貌等不同含义。其中，礼制即整个社会的等级制度和伦理秩序；礼让，即整个社会的一种道德规范；礼仪即具体的礼节仪式；礼貌即个人在待人接物时所表现出来的道德修养。礼被荀子认为是"法之大分，类之纲纪"。礼是国家的基石，也是个人立身处世的必备条件。

真诚有信也是备受人们推崇的传统美德之一。"诚"具有诚实、诚恳、忠诚等多种含义，真实而不虚妄则是其核心意义。诚是作用于人内心的道德规范，要求人们能够保守内心的本真，做到表里如一。"真"则是诚的最高境界。《庄子·渔父》中提出："真者，精诚之至也。"这是道家表示自然本体的重要范畴，特指那种达到天人合一的自然本真。人的精诚发展到极致，就可以达到本真的状态。"诚"与"信"二者具有密切的关系。其中，信包含信用和信任两层含义。信来源于诚，诚是信的基础。

重义轻利在我国传统伦理道德中是一个备受关注和推崇的良好道德。义是一种行为原则，这种原则表现在内心是对欲望的控制，表现在外部是对言行举止的严格要求。儒家学者往往会将"利"作为"义"的对立面对"义"进行评价，从而在义利之辩中反映重义轻利的观念。"利"即物质利益，对物质利益的追求，必须以义为前提，"利"合于义则取之，违于义则去之。

除上面所介绍的四种传统美德之外，中华民族传统美德还有自强、智勇、好学、勤俭等，这些传统美德都值得我们继承和发扬光大。

(二)我国传统伦理道德文化对传统武德的影响

武术在其发展过程中受到了道德规范和传统美德的规范与约束，其在培养贤良之士与加强个人修养方面发挥了重要的作用,并随着自身的不断发展与进步而形成了独特的武德文化。

　　武德即从事武术活动的人在社会活动中所应遵循的道德规范以及所具有的道德品质。武德是一种美德,也是一种社会意识形态,它指导着人们共同的武术生活及其行为的准则、规范,并渗透到习武者的思想与言行中。《左传·宣公十二年》最早提出武德一词,该书中指出"禁暴、戢兵、保大、功定、安民、和众、丰财"即"武有七德"。而儒家思想则认为武德主要包含"仁、义、礼、信、勇"五个方面。

　　对于习武之人来说,武德的重要性首先体现在武术的传授上。其中,择人而教是各门派在挑选传人徒弟时力主的,因此品性成为重要的考虑因素。在具体传授武艺时,习武者也始终将培养高尚品德放在第一位。各拳种流派为了培养习武人的高尚品德,均制定了自己的"门规""戒律"等,以此视为武德标准。

　　武德内容因受古代文化思想的影响而具有自身的局限性。如"江湖义气"、耍英雄、逞好汉,以及"唯师命是从"等。因此,继承我国武术文化应对传统武德进行合理分析,取其精华,去其糟粕,从而树立新的武德观念。

三、武术与古代医学文化

(一)我国古代医学的典型特征

　　元气论是我国古代医学建立与发展的哲学基础。元气论认为,世界万物的本源是元气,元气是构成世界的最基本的物质,其流动不拘、变化无穷。元气以"气化"的作用使世界万物不断地发展变化。气作为统一体便分成互相对立的阴阳两个方面,阴阳相互依存,并在对立斗争中互相消长与转化。

　　另外,整体论也是我国古代中医学的典型特征与优点之一。它不仅把人体视为一个脏腑、表里器官有机联系和作用着的整体,而且还把人体置于同宇宙万物互相联系和作用着的整体之中。整体论还将人的形体与精神视为统一的整体,精神是在物质基础上产生,同时又以巨大的作用支配形体物质的运动。由此可以看出,我国古代中医学提出的整体观包括了脏腑相关、人天相关与形神相关等内容。

除此之外,我国古代中医学还引进了以木、火、土、金、水五种常见物质的性质之间的互相联系和制约观念的"五行学说",以此来概括世界万物间相生相克的关系与世界万物以及人体脏腑之间的互相联系和制约形成的有序关系。

(二)我国古代哲学对武术的影响

中国传统医学对武术理论及其流派技术的影响重大而深远,其中谚语"拳起于易,理成于医",则充分说明了这一点。我国传统中医与武术共同的方法论基础,以及同属人体文化的性质,决定了这种渗透与融合必然是双向的、互为影响的。

唯物主义元气论是我国传统医学建立的基础,其根本特点和优点就是它的整体综合观与阴阳辩证观,并进而提出人体"三宝"即"精、气、神"的观点,认为三者是互相依存、互为一体的关系。中国武术将这种学说完整地吸收到自己的体系当中,形成了形神合一、内外兼修、内养性情、外练筋骨的养生思想和健身之道。"内外双修"几乎是中国武术所有拳种流派的宗旨。

四、武术与古代哲学文化

(一)我国古代哲学的典型特征

(1)古代哲学的传统概念范畴较为独特。其主要包括道、气、神、理、虚、明、诚、体、用、阴阳、太极等。在其悠久的历史发展中,这些范畴不断被充实和丰富,并赋予了新的内容。

(2)中国哲学形成于先秦,具有悠久的历史,与同时期世界其他地区的哲学相比,属于少数达到较高水平的哲学形态之一。进入封建社会后,中国哲学在殷周哲学的基础上,继续发展,形成了历史久远,具有较高形态的封建社会的哲学。

第七章 新时代武术文化价值及其科学发展研究

（3）其思维是以经验为基础的直观思维，比较注重体悟。古代整体思维认为，对于宇宙本体，对于"天—地—人"的系统，而仅依靠语言、概念和逻辑推理去认知是无法穷尽其奥义的，必须凭借对于"象"的直觉、顿悟进行把握。儒家、道家都主张以直观、经验为基础去领悟和把握宇宙、人生的整体系统。

（4）其思维方式倾向于整体性、有机性和连续性。中国哲学的思维传统是朴素辩证法，古代许多哲学家通过运用不同术语来表达自己的辩证思想，他们将宇宙的演化视为一系列生成、转化的过程，并认为天地、万物、动、静、形、神是相互区别又相互联系的矛盾统一体。

（5）其与伦理学具有十分密切的关系，本体论、认识论同道德论相互渗透。在先秦时代，天道观是诸子百家中儒、道、墨、法等诸家伦理学说的理论依据。秦汉以后儒学被奉为正统，董仲舒的天人感应论和王弼的"名教出于自然"的主张，都是通过各自的本体论为儒家的纲常伦理作出论证的。在宋明理学中，本体论、认识论与道德论三者的结合更为显著。在中国哲学中，认识论同样也与道德认识、道德修养具有紧密的联系。

（二）我国武术的思想渊源

1. 从本体论出发探讨武术的思想渊源

古代的朴素唯物主义认为"道"与"气"是构成世界的本源，并以"气"的聚散来解释生命的形成，气聚则生，气散则死；"气"则被古代武术理论视为武术的原力与本根，是武术生命的精髓所在。"气"的作用使得人体产生了生命的盛衰变化，人体"气"的质量好坏决定着生命状态的优劣，因而"气"也被视为武术养生的理论依据。

除此之外，"天人合一"也被我国古代哲学视为本体论的一个体现形式。在我国古代哲学中，"天人合一"是指人与自然、人与社会以及自我身心内外的和谐统一。

"天人合一"的思想体现于武术方面,其主要表现为以下几个方面。

(1)习武者追求人与自然的统一。

(2)从历史源流来看,各种象形取意的拳种和拳式,都是自觉或不自觉地在这一哲学观念指导下发展起来的。

(3)"天人合一"被许多武术家视为习武的最高境界。

2. 从认识论出发探讨武术的思想渊源

从整体上进行分析,我国古代所提倡的"知行合一"主要是强调身体力行,以便真切地认识并实践"天道"和"人道",而并不注重对理论体系的建构。具体到武术上,"知行合一"则是武术的认识论的基础,是武术发展的重要理论。"直觉体悟""学以致用""切合实用"等词语正是这一理论用于武术中的表述方式。在武术中,强调基本功的练习和切合实用是知行合一的主要体现。由于武术的意境、神韵等较难用言语完全表达出来,这就要求习武者身体力行,用直觉去领悟、体验、进而把握。

3. 从辩证法的观点出发探讨武术的思想渊源

先秦时期的哲人总结出"一阴一阳之谓道"的思维准则,就是"立天之道曰阴与阳,立地之道曰柔与刚,立人之道曰仁与义"的原则,进而通过运用这种思维原则来辩证地认识天地、人事和观念的复杂变化。同时,他们还认为客观事物是两两相对、相合的,每一事物都存在着相对、相合的两个方面。老子所指出的"有无相生,难易相成,长短相形,因声相和,前后相随"以及"祸兮福所依,福兮祸所伏""万物负阴而抱阳"等,均是对这种辩证思维的最好诠释。对于辩证法的理解,孔子也强调把握"两端"的必要性。

这种辩证思维同样对武术也产生了较大的影响。如阴阳学说、太极思想等。早在先秦时期,武术"顺阴阳而运动"的思想就已经出现。其中最具特色的是春秋末年"越女"论剑和战国时《庄

第七章 新时代武术文化价值及其科学发展研究

子》的有关论述。武术的技击运动中也蕴含着阴阳学说,无论是防守还是进攻都离不开阴阳的变化。

(三)我国古代哲学对武术的影响

1.儒学思想对武术的影响

我国古代儒家学派所强调的"仁爱""六艺""君子"文化以及"文武双全""仁勇兼备"等思想被我国武术纳入了道德伦理的范畴,逐渐发展成为武术推崇的武德。

儒家学派强调"仁爱",认为"仁"为"爱人之本"。以"仁爱"为基本伦理思想所派生出的"忠、孝、智、仁、勇、宽、信、敏、惠、温、良、恭、俭、让"等道德标准,一直被作为武术伦理思想的核心。

儒家思想认为,作为君子还应同时掌握包括礼、乐、射、御、书、数在内的"六艺",其中"礼""射""御"均与武术具有密切的关系,即"仁者必有勇"。这种追求文武双全、仁勇兼备的思想,对武术超越纯武的范畴,积极与中国文化相融合,及其自身的发展均起到了积极的推动作用。

"君子"文化也是儒家学派历来推崇的,它将"君子"的行为、道德规范作为"成人"的标准,希望人们去努力达到。儒家的伦理道德思想所提倡的"文武双全""仁勇兼备"的思想,对我国武术的发展也具有重要的导向作用。

2.阴阳辩证与武术

(1)阴阳学说与武术

武术所要求的"动静相生""刚柔互补""后发先至""快慢相间"等,其均是以阴阳辩证观念作为指导的。正如习武者所言,不懂阴阳则不懂中国武术。

阴阳相依、相系、不离是《易经》的基本思想。《易·系辞》中的"一阴一阳之谓道",揭示了宇宙间一切事物相互作用的变化发展规律。"阴阳不测之谓神",动、静之间,刚、柔之变,以及虚实、开合、进退、攻守、起伏、内外等,均在阴阳互补中产生。中国武术得益于阴阳之道的复杂变化而独具风采、架构清晰而又变化丰富的辩证模式。

（2）太极思想与武术

《周易·系辞上》认为:"易有太极,是生两仪。"这里的两仪即阴阳,太极则以阴阳为内涵,是衍生天地万物的本源。因此,《周易·系辞上》提出了"一阴一阳之谓道";朱熹也认为:"总天地万物之理,便是太极。"在探索太极义理的同时还出现了一些以阐释"易有太极,是生两仪"为目的的"太极图"。总体而言,太极思想是中国古代哲学思想的核心内容,是对自然界一切事物发生、发展变化规律的高度概括。后来,随着古人对"太极"理、象研究的进步与发展,太极思维中的阴阳辩证法则逐渐被作为认识问题和解决问题的根本法则,渗透到中国人的生存方式中,形成中华民族的一种思维方式。由此,太极也影响着古代武术运动的发展,太极拳的出现就是"太极"文化的思想内涵在武术上的最好体现。

3.五行思想与武术

五行思想是中国古代人民在长期的生活和生产实践中总结出来的。该思想认为,世间一切事物都是由木、火、土、金、水这五种基本物质的不断运动变化而生成的。木、火、土、金、水五种物质之间存在着相生相克的关系,这也是古代哲学家对自然的朴素的唯物主义认识。五行相生的次序如下:木生火、火生土、土生金、金生水、水生木,周而复始,生生不已。所谓相克,即互相抑制、相互制约。五行相克的次序如下:木克土、土克水、水克火、火克金、金克木,它们之间也是不断循环往复的。在这种循环不断的相生相克运动中维持着动态的平衡,即五行学说的基本含义。武术将五行学说作为其理论基础,其中最具代表性的是五行拳。

4. 八卦理论与武术

八卦是《周易》学研究的主体。从八卦中的"卦"字来看,从圭从卜。圭即土圭;卜指观测。八卦,即从四正四隅八个方位测出天地变化的重要记录。每一卦有三爻组成,次序是自下而上。最下一横叫初爻;中横叫二爻;上面一横叫三爻,此三爻取两种不同符号进行各种组合,由此而形成了八卦。

武术的各个拳种,均与八卦有着直接或间接的联系。但具体运用八卦哲学作为指导原则的,当推八卦掌。八卦掌以一掌表示一卦,共八掌,又依八八六十四卦派生六十四掌,以喻变化无穷。其中,"圆"字是八卦掌与八卦关系的关键所在。

五、武术与传统艺术

(一)武术与杂技表演艺术

杂技是从人类在与自然争斗中显示自身力量和技能的由自娱到娱人的原始艺术发展而来的,因此可以说是一种以超常的技巧为特征的表演艺术。杂技与自卫本能升华、攻防技术积累而产生的武术同时出现于中华大地上。相比其他歌舞、戏曲、曲艺等表演艺术而言,杂技更接近武术。许多超绝的武技,可以直接纳入杂技节目,而渊源古老、数千年流传不断的杂技艺术,也直接影响了我国武术的发展。

力技、形体技艺、投掷技、动物戏、乔妆动物戏、幻术、滑稽七个方面是我国古代杂技的主要表演项目。这七大项中多数项目均直接来源于传统武技,或者可以转化成武技。同源共生和互传互补成为中国杂技与武术的重要联系。杂技所运用的各种招式和套路也多来源于武术的训练方法。如"内练一口气,外练筋骨皮"等,正是武术与杂技共通的训练原则。中国武术的硬功和柔术常常被杂技发展成为独具特色的表演节目,至今在世界舞台上都有着十分重要的地位。

(二)武术与舞蹈艺术

我国舞蹈艺术同样与武术有着密切的联系。在我国古代,"舞"与"武"相互交融,因此有舞中行武,舞中现武,舞中存武的表现特点。武舞可以说是早期武术与舞蹈的一种交融,它既能表达思想感情及具有娱乐性,同时也有着习武健身的实用性,传统武舞的动作组合与现今的武术套路有很多相同之处。在武术的技击性、套路演练性与舞蹈的艺术性尚没有充分发展的时期,很难区分武术、武舞与舞蹈。有许多"舞"的形式,既是武术的先导,也是当今的舞蹈的来源。

随着社会经济的发展,武术与舞蹈的区别也越来越清晰。武术也逐渐脱离武舞,形成了今天的舞蹈与武术两种不同风格的文化形态。

(三)武术与戏曲艺术

唱、做、念、打是我国戏曲的主要表现手法,其与武术也具有十分密切关系。歌舞是戏剧的起源,因此载歌载舞的中国戏曲自然更是如此。然而中国戏曲以它独具风采的表演艺术,成为世界重要戏剧体系之一,原因有两点:一是它载歌载舞;二是戏曲中有着极其丰富多彩和规范多姿的武打艺术。武术对戏曲的滋哺,不只是为戏曲武功提供了技术,而且影响了戏曲的内容和观众的欣赏,这是一种多渠道、多层次的文化氛围的全面影响。此外,仅从传统武打技术来说,戏曲武打艺术的逐渐成熟与发展,几乎是与武术的成长同步进行的。

(四)武术与书画艺术

我国武术与书画艺术也有一定的联系。在诸如书法、壁画等静态艺术中均能看到武术的影子。古代的壁画,多是以狩猎、侍卫、武士以及相扑图、角抵图等武术的形式在壁画中表现出来的。书法与武术也有诸多相通之处,其主要体现在以下几个方面:其一,"劲力"是书法十分讲究的,一点一画都是劲力的表现,武术也讲究劲力,如太极拳中的"劲"起于脚根,发于腿,主宰于腰间,形于手指,发于脊骨,由脚而腿而腰,一气呵成;其二,中国书法重神韵,武术中对"神韵"也有很高的要求,一拳一腿,一招一式,无不以"神"相配合;其三,中国书法用笔有收有放,每往必收,每垂必缩,含蓄而锋芒不露,不轻佻浮躁。武术中的拳打、指戳、脚踢、肩撞等都有的放矢,连续进击;其四,刚柔之法也是我国书法十分注重的方面,优秀的武术家是遇虚则刚、临实则柔、亦刚亦柔、变化万千。

第二节 新时代武术文化的传承

一、武术文化传承的内容

(一)武术技术内容

概括而言,我国武术文化传承的技术内容主要包括各个拳种及其流派中的拳术与器械技术。

我国武术有着丰富的拳种流派,这些多样化的流派使中华武术被誉为"博大精深"的文化。国家体委1997年编纂的《中国武术史》中对武术拳种进行了专门介绍。有着悠久历史、明晰的拳理、独特的风格以及自成一体的拳种有100多个。这些拳种中很大一部分没有得到广泛的传播,且一些拳种的名称很少有人知晓。这是武术生存发展存在困境的主要反映与表现,同时也能够体现出武术文化传承工作具有紧迫性。

在20世纪80年代进行武术挖掘整理工作的时候,除了文字名称之外,最多仅有一些录像内容。这些录像内容的存在,并不代表拳种本身的存在。因为武术是技术性东西,仅仅依靠文字和录像是不可能真正对其进行记录的,其也不可能仅仅通过文字与录像来流传至今。而这些挖掘出的资料经过整理之后,基本上就被存放起来,所以,武术的拳种是否达到129个都是不能确定的。但总体来说,我国武术中众多拳种流派的技术内容是极为丰富的。此外,如果以武术流派来论及,各个流派的派别又有很多,各个派别在技术方法上都有不同,确实是难以计数的。以太极拳为例来对此进行说明,就有陈氏、杨氏、武氏、吴氏、孙氏、赵堡太极拳等。陈氏太极拳又分不同的传人,各个传人所传播的太极拳技术是不同的,所以到底有多少套技术,是很难准确计算的。

除了徒手运动外,我国武术的不同拳种流派还都有各自的器械技术,这些器械技术丰富多彩,风格上存在着很大的差异。除竞技武术中的刀、剑、棍、枪以外,还有"短器械,鞭、鞭杆、钩、拐、锤、橛、匕首;长器械,笔架叉、大刀、戈、戟、斧、钺、叉、三叉齿钉耙、锐、铲、狼牙棒;双器械,铁筷子、峨嵋刺、铁梳子、鸡刀镰、月牙刺、马戟;软器械,流星锤、绳镖、九节鞭、三节棍、龙头杆棒、飞锤、双飞过、四节锐、杆子鞭;其他,判官笔、圈、天荷凤尾镡、狼筅等。"但武术发展到现在,由于竞技武术中大都以刀、枪、剑、棍为主,使丰富的武术器械技术绝大多数处于自生自灭的状态,有些已经消失或者濒临消失。时至今日,许多武术器械技术在民间不断流失,如果不对其进行传承,促进其发展,担心武术技术也会很快消亡。

此外,在我国武术中,各种健身、养身、护身、增强武术技能的功法运动也十分丰富,包括有利于肢体关节活动幅度肌肉舒缩性能提高的"柔功",促进意、气、劲、行完整的"内功",促进肢体攻击力度和抗击能力增强的"硬功",促进人体平衡能力和翻腾奔跑能力发展的"轻功"等。这些丰富多彩的技术和功法也同样需要被继承和保护,它们将民族传统文化的色彩体现得淋漓尽致,是我国武术真正的代表。

(二)武术文化内容

1. 传统武德

在从事武术活动群体中形成的对习武者行为规范要求的总

第七章 新时代武术文化价值及其科学发展研究

和就是所谓的武德。它包括从事武术活动的人在社会活动中所应遵循的道德规范和所应具有的道德品质。武德对习武者之间的人际关系具有协调作用,其对习武者的各类活动也具有很大的影响,这些活动包括心性修养、道德作风、精神境界和武术礼仪,在拜师择徒、教武、习武以及用武的全过程中都会体现出武德的意义,武德也就是在武术这一特殊领域中对社会伦理道德思想的具体运用。

社会道德的共性以及职业道德的特异性都能够在武德中反映出来。从内容来看武德的概念,其在上古炎黄氏族融合时代就已经出现了。在武德理论起源形成与发展的过程中,儒家仁学思想长期居于封建社会正统地位,其逐渐成为传统武德的主要内容,具体表现为"仁、义、礼、信、勇"等几个方面。从古至今,武德一直是习武者所推崇的道德规范,中华民族也对其不断进行倡导,使其成为中华民族精神之一。在不同的历史时期和拳种门派中,武术的道德规范的要求都是有所差异的。但总的来说,还有一些共同的规定,具体如择徒拜师、生活处世、规范戒律等。

由此而言,武德是各个时期所有习武者所共同拥有的信仰与精神价值观,也是对习武者的行为进行调节与规范的重要手段。作为武术文化中的核心部分,武德在其长期的历史发展、传承和创新的过程中,已经与人们的思维模式、处世态度、生活方式、风俗习惯、道德情操、行为标准以及审美情趣都融为一个有机整体,已成为组成中华民族伦理道德思想的重要一部分。

2. 武术中的传统文化

我国古代的传统文化有着庞杂的体系与繁多的内容,社会生活的方方面面都有涉及,这些传统文化与中国武术相互影响,相互融合,成为武术文化的一个重要部分。所以,在武术文化传承的过程中,不可避免地要涉及这部分传统文化的内容,具体表现在以下几个方面。

第一,我国武术中蕴含着丰富的哲学思想。

第二，宗教思想与武术也有着不解之缘，两者相互影响，因此武术文化中有很多关于宗教方面的内容。

第三，武术文化具有独特的艺术魅力和审美价值，这主要是受到我国传统美学思想的影响。

第四，武术文化与中医虽然不属于一个学科，但两者之间的关系也是极为密切的。武术中所包含的医学思想是组成中国医学的一个重要部分。

第五，武术文化的产生也离不开军事的影响，而且武术文化中的一个重要内容就是与军事有关的兵学思想，对这一思想的传承有着非凡的意义与价值。

总体而言，武术所蕴含的文化内容极其丰富，这也是其长盛不衰的重要原因之一。武术文化的创新与发展，离不开其丰富多彩与博大精深的文化内容。只有对武术的这些文化内容从本质上加以把握，才能使武术的民族特色充分展示出来，只有合理有序地传承武术文化，才能更好地促进武术文化的不断发展与繁荣。

3. 武术史的内容

（1）武术通史，其中包含武术的起源、武术古代史、武术近代史、武术现代史。

（2）武术断代史，专门研究武术在某一历史时期的状况、特征及其规律。

（3）武术拳种单项史，研究某一拳种的起源及其技法发展的历史。

（4）武术典籍，关于武术文献的经典内容。

二、武术文化传承的原则

(一) 客观性原则

客观性原则是传承武术文化的第一重要原则。在对武术文化进行传承的过程中，要特别注意考虑客观实际，不能与实际相脱离。现在许多武术馆校在广告宣传中对一些不真实的内容进行传播,最终使人们对其失去信任,导致生源不断减少,难以发展的局面。不切实际的传承不仅会对自身的发展造成危害,而且还会对武术的发展造成不利的影响。

(二)有序性原则

文化是不断发展与延续的,所以,要对具有悠久历史的武术文化进行有序的传承。葛兆光研究思想史时发现,"人们从一开始就相信,古已有之的事情才具有合理性与合法性。于是,思想者常常要寻找历史的证据"。武术文化的传承也是同样的道理,学习拳术的人往往要对所学拳种流派的根源有所了解,将自己的学习脉络整理清楚,并在师承中对自己的位置加以明确。这样来看,对武术文化的传承要遵循有序性的原则。

(三)文化性原则

文化只有在发展中才能增值。通常来说,在传承武术文化的过程中普遍遵循以德为先,对传承人的悟性特别重视,对拜师程式也比较讲究,武术文化的传承是一个完整的文化空间。武术文化的传承可以走多远,主要是受到文化空间完整性的影响。以现代竞技武术为例来对此进行说明,由于传播竞技武术的场所主要是院校,主要传授形式是集体授课,没有师承,对道德的培养也没有足够重视,从文化空间的角度来看,学校对竞技武术的传承不具备完整性。与我国武术相比,韩国的跆拳道就对礼仪表现出十分的重视,虽然其传播内容在任何方面都不能与武术相提并论,然而正因其注意对礼仪文化的重视才能够赢得世界人民的喜爱与参与。

(四)渐进性原则

武术属于文化,文化的传承是分层的,也是循序渐进的,这是文化传承的基本规律。所以,武术文化的传承要依据循序渐进的原则,不能急于求成。比如,武术要进入小学、中学,再进入大学,成为教育领域的内容,这就是一个十分漫长的过程。而就武术进入奥运会来说,因为其作为世界其他民族的外来文化,需要国外对其逐渐认识,这也是一个渐进的传承过程。

三、武术文化传承的模式

一般而言,文化的形成、累积、传递和创造都是靠教育来完成的。因此,所有文化传承的模式都体现出教育的特征。

各种文化都是通过学习获得的,拉尔夫·林顿曾说,文化只能进行"社会遗传",也就是说文化只有通过社会化的过程,才能从一代传到下一代。从这一意义上来看,文化传承的过程其实是一种教育过程。既然人类的生存离不开文化,文化的创造和传承又离不开教育。那么,教育是人类生存所必须经历的。当然教育也是凭借一定形式才得以开展的,教育现象客观永恒地存在于人们的社会活动之中,这些社会活动具有传、帮、带的意义。

具体到武术文化来说,武术属于一种独特的教育形式,传承武术文化就是开展一种教育活动,教育这一本质属性是武术自古有之的。通过教育过程,武术的技术和文化才能得以保存并流传发展。

武术这一文化体同时具备了文化、艺术以及体育等属性,武术在教育领域,其文化定位应该与武术自身的特质相符合。武术教育的过程,就是对文化经典进行解读的过程,武术教育不能仅仅在健身、娱乐、休闲等体育层面展开。要将武术教育的价值定位为武术文化的传承与审美,要使武术教育成为包含文化、艺术与体育属性的多元丰富教育。在民国时期,武术被人们称为"国术",国术进入学校教育后,谓之"国学"。而时至今日,武术教育主要是对民族文化的传承和教育,然后才是学习和积累民族文化。只有从文化层面对本民族的武术文化进行继承与发扬,使其在传统历史文化之中不断繁荣,才能逐步体会武术文化所具有的魅力和价值。

四、武术文化传承的意义

(一)促进武术技术与文化的发展

武术传承的重要功能是对武术文化的承接与传载。通过传承,武术技术和武术文化能够不断得以继承与传播,使武术文化在不同时代都有所发展,同时加强与其他文化的联系。不论是不同世代的纵向传播,还是同一时代拳种流派之间的横向传播,都能够使武术技术与文化得到良好的保存。

(二)促进武术拳种流派之间的交流与新拳种的产生

对武术文化进行传承,有利于不同拳种与流派之间技术与文化交流的加强,从而促使新的拳种或流派在这种交流中得以产生。在太极拳的传承过程中,陈氏、杨氏、吴氏、孙氏、武氏等不同流派的太极拳逐渐出现;在南拳的传承过程中,蔡拳、李拳、佛拳逐渐形成蔡李佛拳,等等。总之,各种各样的流派和拳种武术在传承过程中逐渐形成,这是武术与社会发展需要相适应的表现。在对武术文化进行传承的过程中,只有对其不断加以创新,才能够使其与社会的发展相适应。不能与传统相脱离是创新武术文化的根本要求。

(三)促进民族传统文化的发展繁荣

传统文化是一个民族的重要特征,也是民族的核心组成部分,传承民族文化有利于形成与发展民族共同体。这主要体现在以下两个方面。

一方面,共同的民族文化作为一种符号,能够被民族共同体识别出来,民族文化同时也是一种精神维系,维系着民族共同体的存在和发展。只有通过传承民族文化,才能促进这一精神维系的发展,同时使民族共同体的延续得到保证。

另一方面,民族文化的深层次结构是构成文化的核心部分,民族的深层次心态结构与认同意识同这一核心紧密地联系着。只有通过从心理层面对民族文化进行传承,才能使民族的每一个成员在内心之中有意识地融进这些民族的核心要素,也才能促进民族文化这一精神维系的稳定性与持久性,增强民族认同感和内聚力。所以,民族文化传承中的心理传承是促进民族共同体不断发展与壮大的内部驱动力。

传递和延续民族生命力是每一个民族的传统文化都共同具有的传承价值和功能,而对文化的传承,有利于发展民族的社会组织、整合与完善社会结构。作为中华民族文化遗产的重要一部分,武术文化是我国民族文化乃至世界文化发展中的一朵奇葩。所以不断拓展与延续武术项目能够极大地促进中华民族文化事业的繁荣和社会的不断发展。

第三节 新时代武术文化的保护

一、武术文化保护的必要性

当前,对传统文化遗产的保护已经成为世界各国各民族的共识。同样,作为中华民族的优秀文化遗产,武术自新中国成立以来就一直受到政府的高度重视。但是,由于受到各种原因的影响和制约,武术文化保护工作仍存在着一定的问题,处于严重落后的局面。鉴于这种状况,对武术文化进行全面的保护是非常有必要的,这主要体现在现实性与紧迫性两个方面。

（一）武术文化保护的现实性

当前,武术文化保护的实际需求是非常强烈的,开展武术文化保护工作的现实性也非常强。具体来说,主要表现在以下三个方面。

第七章 新时代武术文化价值及其科学发展研究

1. 武术竞技化探索的困境将武术文化保护工作的现实需要引发出来

当前,对武术发展有着非常热烈的争论。竞技套路、散手所面临的困境,武术文化的失落等问题,都在不同程度上让人们对武术的价值有越来越深入的认识和了解。一方面,在西方,人们所渴望的武术,被他们称为 Martial arts 或 China Gongfu,具体来说,就是所谓的武术;另一方面,当前国内的很多人也更加深入地了解和认识了所谓的现代竞技武术发展的缺陷。特别是近些年对继承武术的忽视和唯竞技化发展所造成的偏颇,更是把现代竞技武术推向反思的位置。比如,从武术进入奥运会的问题上来进行分析,尽管奥运瘦身计划影响等诸多客观因素确实存在,但是,这些不是主要原因,主要原因在于当前的竞技武术在文化底蕴方面较为缺乏,与民族传统断裂严重及准备不足等方面。

从现实情况来看,当前开展武术文化保护工作,需要保护的内容不仅包括武术发展的实际现状需要,还包括武术文化的流失,这样才能够使我国优秀的武术文化将面临消亡的危险得到有效的缓解。在时代反思和实际需求的社会环境下,开展武术文化保护工作是非常务实的,有着非常强的现实性。

2. 对竞技体育的全面反思为武术文化保护带来了良好的发展机遇

随着工业化、现代化反思的不断深入,体育领域中竞技体育的种种弊端也逐渐引起了人们高度的重视。近些年来,以奥运会为代表的西方竞技体育被过度地商业化开发、高度的职业化操作,已经与奥林匹克运动的拒绝职业运动员参赛、拒绝在比赛中获得酬金的初衷相违背。甚至还出现了其运动员伤病、非人性化训练、滥用兴奋剂、赛场暴力、黑哨内幕等骇人听闻的现象。这些弊端将对竞技体育价值的反思进一步引发出来。

当前,已经形成了一种重新认识竞技体育、打破竞技体育一统天下的格局。比如,备受青睐的北京提出的人文、科技、绿色奥运,体育文化多样化的发展趋势,西方大众体育的蓬勃兴起,各种民族传统体育的复兴,等等。由此可以看出,追求文化多元化已经成为当前世界人们的一种追求,而作为我国特有的民族传统文化之一的武术文化,以其丰富的运动内涵和博大精深的文化底蕴,对西方体育文化单一化起到积极的协调作用,并与之形成互补。这也在很大程度上为我国开展武术文化的保护工作提供了非常难得的历史机遇。

3. 世界教科文组织在文化遗产保护上的新发展,为武术文化的保护开拓了新途径

2001年以前,联合国教科文组织通常会将文化遗产分为四大类,即世界文化遗产、世界自然遗产、世界文化与自然遗产、文化景观,所有列入世界遗产名录的都有自己的遗址。这对于我国2001年之前的28项世界遗产来说也是如此。在这种界定下,武术文化遗产进入世界文化遗产行列是非常难的。但是,2003年11月3日第32届联合国教科文组织大会通过了《保护非物质文化遗产公约》。以联合国教科文组织的定义为主要依据,非物质文化遗产是指:来自某一文化社区的全部创作,这些创作以传统为根据,由某一群体或一些个体所表达,并被认为是符合社区期望的作为其文化和社会特性的表达形式,其准则和价值通过模仿或其他方式口头相传。由此可以看出,其是相对于有形遗产即可传承的物质遗产而言的,其主要包括各种类型的民族传统和民间知识。联合国教科文组织《保护非物质文化遗产公约》的出台,将世界各国对非物质遗产的重视充分体现了出来,同时也给我国的武术遗产的保护带来了生机。鉴于此,就要求我们必须抓住机遇,为武术的代表作品进入世界文化遗产的保护行列起到积极的推动作用。在国内,国家领导人对《保护非物质文化遗产公约》一直非常重视,对此,胡锦涛同志曾在致第28届世界遗产委员会会议的书面贺辞中指出:中国政府对保护文化和自然遗产非常

第七章 新时代武术文化价值及其科学发展研究

重视,并且将继续弘扬中华民族的优秀文化。2004年8月28日的第十届全国人民代表大会常务委员会第十一次会议批准通过我国加入该《公约》。与此同时,还有一批保护无形遗产的条例产生,比如,《上海宪章》《人类口头遗产和非物质遗产代表作》等。除此之外,中宣部、国家文化部、财政部、中国文联、国家民委5个部委正在联合实施中国民族民间文化保护工程,在2017年之前预算总共拨款十几个亿支持该项目。

从上述事实中可以证明,无形文化遗产的保护和抢救必将成为当今文化遗产保护的新亮点,武术文化保护正面临着良好的国际国内环境。因此,这就要求必须抓住机遇,通过对世界文化遗产保护的经验的充分利用和借鉴,积极开展保护工作。

(二)武术文化保护的紧迫性

武术文化的保护工作已经拥有的现实条件越来越趋于成熟,但是,也不能忽视其紧迫性。具体来说,武术文化保护的紧迫性主要体现在以下几个方面。

1. 与西方体育进行交流的迫切形势

在全球化背景下,武术的必然发展趋势为走出国门、走向世界。同时,迫于与西方体育进行交流对话的形势,近些年来,为了进一步促进武术的发展,广大的武术工作者在武术适应国际流行竞技化发展方面一直不懈地努力着,并取得了较为理想的成绩。

但是不可忽视的是,当前竞技武术的改革及其与西方体育的交流并不顺利,有较大的困难需要解决。究其原因,主要是由于中国现代竞技武术与武术存在着较为显著的差异性,主要表现为:武术的文化主导性逐渐丧失,运动主导性则逐渐增大。然而,现代竞技武术发展的民族底蕴是较为缺乏的,在与西方体育进行对话时,很难将其项目优势展现出来。除此之外,现代竞技武术也根本无法代表真正意义上的中国武术。作为现代武术的基础和母体,武术已经被现在所忽视。武术长期丧失与西方体育进行交流、对话的平台,这主要是由时代因素造成的。因此,要想使真正意义上的现代武术得到发展,面对西方强势体育的冲击而保持自己的位置,就必须重建这个平台,使武术的基础和母体得到进一步的充实,同时,还要全面保护武术文化。

2. 武术传承的断层

在世界近代历史中,由于受到殖民化的影响,西方体育文化对东方各国的原体育文化进行了排挤;而在当今经济全球化过程中,西方体育文化又试图推翻世界各民族体育文化的多样性。从近代开始,中国武术文化就已经出现了前所未有的危机。从客观环境上讲,工业化对小农经济的破坏、市场经济大潮下功利主义的驱使与影响等,都在很大程度上对武术文化的生存与发展产生了一定的制约和阻碍。从主体意识上来说,在过去100多年的时间里,我国对西方体育文化的技术方法开始承认、接受、消化、吸收,通过50多年的时间,我国与西方体育类似的体系化建设已经基本完成,甚至在更短的20年的时间里,我国完全按照奥林匹克的面貌对中国体育进行了改造。

由于武术本是冷兵器时代的产物,对于现代社会来说,其实用价值已经微乎其微,因而在西方体育理念的冲击下,在弱肉强食的规律面前,武术文化作为弱势文化,更显得苍白无力。鉴于这种情况,在继承和发展武术文化、保护武术文化问题上,心平气和是无法做到的。

近代以来,我国在社会文化变革方面存在着"破有余而立不足"的弊端,这不仅在很大程度上使得传统价值遭到冲击,而且新的精神价值体系也没有及时建立起来,这样就导致中国悠久的传统文化与现代社会出现了巨大的断裂带。近年来,武术文化改革与发展中的这种"破有余而立不足"现象非常显著。其中,比较具有代表性的是20世纪90年代以来出现的唯竞技化发展模式,其不仅导致了武术被丢弃,而且也面临着现代武术未能成功发展的境况。从当前的形势来看,这种唯竞技化发展模式已经对武术

第七章 新时代武术文化价值及其科学发展研究

文化传承的连续性产生了非常大的损害,也使得武术文化保护工作的艰巨性和紧迫性进一步增加。

3. 多样性的消失对武术文化底蕴的冲击

以竞技为代表的西方体育,其基本要求为重结果、重规范、重外在表现。在武术竞技化探索过程中,武术只有做出适合现行竞技体育规则的改革,才有可能融入已成体系的竞技运动。而这种改革,一定会严重冲击以内容丰富、风格各异、重过程、重内在修养的中国武术,同时,也一定会引起对武术本质内涵和多样性的严重挑战。由此可以看出,不管面对的是日趋淡化的武术文化内涵,还是已经丧失或濒临丧失的优秀武术拳种,都要求进一步做到武术文化的保护工作。

二、武术文化保护的对策

武术文化保护工作任重而道远,这就需要提出科学的措施来应对。具体来说,可以从以下三个方面入手。

(一)明确定位武术文化遗产

不可否认,武术有着非常重要的价值与意义,其健身方式及其理念也是无可替代的。然而,近百年来,武术的发展却遭受了前所未有的危机,很多有识之士呼吁重视武术、重建武术,但是,取得的效果却非常小,并没有从根本上扭转武术被边缘化的颓势。尤其需要强调的是,当前关于武术遗产性质的定位还不够明确,也缺乏科学的解决方案。要想解决这一问题,需要从以下几个方面着手。

第一,必须将武术文化在当代的健身、修身价值,以及武术在服务我国全民健身、服务我国构建和谐社会中能够发挥的巨大作用明确下来。

第二,要将武术文化是我国传统文化的重要方面明确地确定下来,要通过发展的角度来促进武术当前的改革和发展。

第三,要将武术从属于世界非物质文化遗产范围确定下来。以《保护非物质文化遗产公约》为主要依据,我国优秀的武术遗产与该《公约》的定义精神完全相符,这就要求在深入实地考察的基础上,从理论上进行论证,从而使武术文化的历史内涵得到进一步的丰富。

需要强调的是,武术文化遗产的定位和武术文化的保护有着较为紧密的联系,主要表现为相辅相成、共同发展。具体来说,就是武术文化遗产的定位为武术文化的保护提供动力,而武术文化保护的成果则对武术文化遗产的定位起到直接的决定性作用,因此,把这两项工作都做好是非常重要且必要的。

(二)制定合理的武术发展模式

近些年来,随着武术进入奥运会的呼声越来越高,我国一直在以西方体育的标准为依据制定武术的发展模式,武术发展与传统的轨道偏离越来越严重,从而导致了唯竞技化的偏向。鉴于此,就应该及时扭转武术的这种发展模式,具体来说,可以从以下几个方面来进行理解。

首先,现代竞技武术的发展与武术的保护都非常重要,要同时进行。进一步来说,就是要求必须在武术基础上的扬弃与创新,才能促进现代竞技武术的发展。当前,对我国的武术作一番梳理,从而为武术的扬弃和现代武术的发展,做出更为明智的判断和选择是非常重要且必要的。

其次,要将国外成功模式的借鉴与国内民族特色的保持有机结合起来进行。近些年竞技武术发展过程中出现的对西方竞技体育模式全盘照搬的倾向,针对这一情况,中国武术要在对国外体育发展的成功经验进行借鉴和吸收的同时,还要注意在自己的历史渊源中发掘和保持自身的项目特色,将自己的独特优势充分发挥出来。

再次,要将市场开发与文化保护结合起来。具体来说,不仅

第七章 新时代武术文化价值及其科学发展研究

要注意选择优势项目进行市场开发,将武术的经济价值凸显出来,而且武术作为一种文化存在,要使急功近利主义得到有效的避免。要有更远大的发展眼光,加大投入武术文化保护工作,将武术文化的长期效益充分发挥出来。

综上所述,当前武术面临的首要问题就是要在全面反思以往的武术发展模式的基础上,制定合理的武术发展模式。

(三)将武术文化保护的完整体系建立起来

武术的重建与振兴不是一蹴而就的,而是需要经过深入探讨、反复尝试、长期坚持、不断改进与完善的漫长过程而逐渐实现的。这就要求遵循在创新的基础上重建,做到积极借鉴前人经验与根据新形势不断开拓创新的有机统一的重要原则。其中,重建理念、重建方法、重建队伍是重点所在。

第一,重建理念。就当前武术继承与发展的现状来说,进行大幅度的跨越和革新,以现代的理念指导武术的重建是必须的。具体来说,应该注意以下三个方面:首先,要对历史与现实的畛域进行沟通,尤其是对于在继承与发展之间已形成的一段空白,还要进一步加强武术保护的意识,在武术文化自我价值认同的保护理念下,对保护和发展都引起高度的重视;其次,武术的发展要有世界意识,开拓视野,对与西方体育进行比较引起重视;最后,要使武术研究的范围进一步扩大,尤其是保护工作,要注重武术发展过程中整体环境的分析研究,而不能单纯地停留于武术本身的挖掘、整理、分析上。

第二,重建方法。当前武术保护面临的重要问题之一,就是保护方法与手段上的创新。传统的方法与手段并不是完全不可取的,要适当地进行借鉴、运用,但是需要注意的是,仅借鉴和运用远远不够,需要在此基础上,做到以下几个方面。首先,要充分运用人体生理学、现代医学、生物化学等科学方法来证明和鉴定武术的健身价值;其次,要通过口述史学、影视史学、心态史学、计量史学等知识的运用,对武术文化的发掘、传承等进行技术管理;最后,通过包括信息技术、系统论理论、计算机数据处理分析技术、网络技术等技术的运用,来科学改造武术的技术组合及传播方式。除此之外,使语言上的沟通能力进一步加强,对海外研究成果积极吸收,使武术保护工作得以快速、实效地开展也是非常重要的。

第三,重建队伍。对于武术来说,重建的重中之重是人才队伍的建设。当前,要想真正地保护好武术,能够掌握武术运动技术的一大批继承人是不可缺少的,但同时,具备现代理念、掌握现代科技和武术技术方法、拥有扎实传统文化学术功底、富于献身精神的研究队伍更是不可或缺。这都是保护武术的重要条件。在武术人才培养中,高等学校应该将其主导性的作用充分发挥出来,将武术人才培养的重大责任勇敢地承担起来。高等学校的武术人才培养模式及培养重心,会对武术的发展走向,以及武术文化的继承与发展起到重要的决定性作用,因此,一定要重视人才的培养。

第四节 新时代典型武术文化弘扬与发展

一、太极拳文化弘扬发展的措施

太极拳有着非常浓厚的文化底蕴,拳名即以太极命名,有着浓厚的生命以及文化含义,练习者通过太极拳的习练能够修身养性,延年益寿,对人身体各方面的发展都有很明显的作用,早已成为运动健身和文化共同组成的一个综合体。因此,要继续弘扬发展太极拳文化,主要的措施包括以下几个方面。

(一)加强太极拳发源地建设,树立太极拳文化品牌

以陈氏太极拳为典型,其发源地在农村,各方面条件相较城市而言还是比较落后的,为了弘扬太极拳文化,促进其发展,陈家

沟所在的当地政府以陈家沟为中心建立一系列的旅游项目,包括太极拳场馆以及陈氏祠堂等,通过这些方面来大力推进太极拳文化的发展。

(二)太极拳的产业化发展

太极拳的发展潜力非常巨大,需要加以雕琢才能够体现出非常强的品牌效应。作为一项体育运动太极拳也应该向着职业化、产业化的方向发展,这样太极拳文化的发展前途才会更为广阔,从而像欧洲及南美的足球、美国的橄榄球棒球以及我国的国球乒乓球一样形成浓郁的文化氛围,产生巨大的价值,对其文化的供养发展大有裨益。对太极拳进行职业化和产业化发展,能够吸引更多的眼球,使更多人关注太极拳文化。

(三)太极拳的学科体系建设

太极拳文化中融合了儒家、道家、佛家等诸多思想体系,同时在其理论上与军事、医学、民俗等方面都有着千丝万缕的联系,然而太极拳在我国高校中的学科建设并不完善,还存在着大片的空白,完整的太极拳学科体系对于太极拳文化的弘扬发展是至关重要的,全国各大体育院校应积极开展太极拳课程,建立相关专业,使其学科体系更加完善,从而使太极拳文化从校园走入社会。

二、散打文化弘扬发展的措施

(一)加强武德教育

我国散打文化的弘扬发展,武德教育是必须的。在散打文化的发展过程中,对散打学习者武德的培养与教育进行加强,对于散打文化的发展是不可或缺的,这样做能够保证散打运动文化进一步的健康发展。所以在散打运动的教学训练过程中要加强武德教育,弘扬武德精华,这样才能使散打运动的文化继续弘扬发展,发扬光大。

(二)重建散打民族文化特色

散打运动作为一种突出的文化现象,从文化审视的角度来看,其视角一定要高,将其不可限量的文化价值挖掘出来,从而在文化的争夺中焕发出勃勃生机。通过武术散打运动来对散打文化进行弘扬发展,对我国的民族传统文化也是一种非常好的继承。因此,散打文化的发展必须体现出鲜明的特色,具体而言散打文化依据特色来重建可以包括以下几个方面:对拳击护具进行改革、对散打比赛的服装和擂台的设计体现出鲜明特色文化。

(三)建立合理的散打训练体系

散打文化的弘扬发展不能脱离其竞技体育运动的本质。而这样就必须建立好竞技体育运动应有的体系,其中最为重要的就是训练体系的建立是否合理,这关系着运动竞技水平的发展,进而对散打文化的发展起着决定性的作用。因此,散打运动科学合理的训练体系的建立首先表现在对散打理论研究的深入。散打运动参与者要从小抓起,从而扩大群众基础,同时对训练进行科学的监控,传统的套路技法得到发扬光大,从而使文化的发展更进一步。

(四)改革散打竞赛规则

散打竞赛是弘扬发展散打文化的重要途径。而在散打竞赛当中,竞赛规则的制定具有非常强的导向性,根据对比研究,发现目前在散打用的竞赛的规则当中,仍然存在着诸多的不足,因此必须对现行的散打运动进行改革,有利于散打竞技运动更加快速的发展,从而对散打文化的发展起到巨大的作用。散打竞赛规则的改进可以适当的开放肘、膝等散打运动中的精髓技法,同时对散打比赛的局数进行改革,转变制定规则的指导思想,使更多人能够更加关注散打比赛,促进散打文化的发展。

第七章 新时代武术文化价值及其科学发展研究

（五）加快散打的市场化进程

对中国的散打运动市场乃至全球的散打运动市场进行大力的市场开发，才能使散打运动产业的潜力得以挖掘，使散打运动能够更好地发展，形成可持续发展的形式，最终促进散打文化的弘扬与发展。

三、武当武术文化弘扬与发展的措施

（一）加强武术人才的选拔和培养

武当武术及其文化的发展与武术人才有着非常紧密的联系。人为事物的发展提供动力，同样武术人才能够为武当武术的发展提供保障。这就要求武术人才必须要做到文武兼备、德艺双馨，只有如此，才能够出现像张三丰一样具有民族武术精神的英雄人物。作为承载民族精神的媒介，英雄人物为武当武术的发展和传播做出了非常重要的贡献，起到了很好的品牌效应，同时也是武当武术成为了一种民族符号。

（二）内外兼修，肢体与精神诉求、人文关怀和谐统一

对于武当武术的发展，不能仅将其作为一种工作，沦为经济社会的牺牲品。而是要追求肢体与精神运动内外兼修，相辅相成，从而达到肢体与精神诉求、人文关怀的和谐统一。进入21世纪，武当武术应顺应人的全面发展需求，以人为本，从而达到修身与技击的完美结合。这也是武当武术的独具特色的一面。

（三）充分发挥武当武术在现代教育中的价值

在现代教育中，要将武当武术的价值充分发挥出来，将武当武术同爱国主义精神结合起来，将其提高到对民族精神塑造的高度。通过对学校教育园地的充分利用，将德育教育渗透到教学之

中,将教师的模范作用充分发挥出来,并对武术教材采用多种途径进行挖掘。

(四)充分保留武当道教文化特色,体现东方文化特质

要将武当武术的道教文化特色予以充分保留,并对道教文化给武当武术的影响进行充分发掘,将武当武术内外兼修的特点予以充分体现,并注重对人的价值观和道德进行培养,重视人与自然的和谐统一。充分保留武当武术中东方文化的特质,同时还要避免受到西方体育思想与竞技体育对武术"高""漂""旋"等高难度动作的要求。武当武术既要走向世界,更要体现自我,从而使武当武术成为中国的一张名片。

(五)建立武当武术可持续开发系统工程

将武当武术相关赛事与武当山的旅游资源结合起来,从而形成具有良好经济效益的双赢发展模式。以武当武术为中心成立俱乐部,并在全国范围内以点带面逐步建立起来,加大相关推广的力度。将道家内丹健身养生与全民健身运动相结合,使其为全民健身服务。在大中小学开展武当武术课程,培养学生的习武兴趣,加强对武当馆校的管理,培养选拔优秀的后备人才。根据武当武术所具有的特色来进行大力宣传,并逐步将武当武术向着国外推广。

第八章 新时代武术经济价值及其发展研究

武术作为一项体育运动,其能够发展至今,除了其自身最为本质的功能和价值外,经济价值是不可忽视的重要价值,也是其能够在现代社会中继续存在、发展并被越来越多的人接受和喜爱的一个重要原因。本章首先对武术经济进行解析,接着对武术产业化发展的基本情况、武术产业化发展与市场运作进行分析和研究,由此,能对武术经济价值有更深入的了解。

第一节 武术经济解析

一、武术经济的类型

从经济功能方面来分析,武术属于第三产业的范畴,人们对于武术的价值认同,其所具备的经济功能具有决定作用。而与武术文化相关的用品市场则从属于文化产业,这些文化产业与武术文化之间相互促进并共同发展。同样属于第三产业,文化产业指的是通过生产文化产品并提供文化服务,从而满足社会需要的各种行业门类的统称。文化产业不仅包括满足物质生产、生活领域的文化产业活动,同时还包含满足社会精神需要的文化产业活动。文化产业是随着世界范围内工业化与现代的不断发展逐渐产生并发展起来的,它是现代人类不可或缺的一个产业门类,同时也是一个国家或地区国民经济新的经济增长点与支柱产业。

武术是文化产业的有机组成部分,因此它也具备文化产业的共性。

(一)武术产品的价值形态

武术文化产品不仅具备使用价值,其本身也具有一定的无形价值。武术文化产品的使用价值主要表现为两种形态:一是具有物质形态外壳,如工艺品、书籍等;另一种是没有物质形态外壳,这种形态文化产品的生产过程即为人们的消费过程,如各种武术竞技赛事、娱乐活动等。由武术产业生产的文化产品所具有的使用价值是用其文化内涵中的精神属性或者精神要素来满足消费者的需求。从武术文化产品中,消费者接受并消费武术无形的文化形象与文化思想的内涵,领悟武术文化的精神,消费者的思想与心灵都会受到很大的刺激与影响,从而让消费者获得精神层面上的满足、享受、愉悦、洗礼。

(二)武术产业与意识形态相统一

文化属于上层建筑,它具有意识形态的属性。由于武术产业是在武术文化与经济相结合的基础上形成的,所以武术产业及其生产出的文化产品也应该具备意识形态的属性。武术文化产品一定要取其精华、去其糟粕,也就是说,人们应该自觉地对武术中的落后、陈旧、不健康的文化糟粕进行抵制,从而让武术文化产品与时代精神实现有机结合,积极倡导健康、进步、先进的精神理念。

(三)武术产业与市场密切关联

武术产业及其所生产出的文化产品的最终目的是为广大人民群众提供相应的服务,因此武术文化产品应该满足人们不断增长的精神与文化需求。在市场经济条件下,武术已经成为我国社会主体活动的一项重要内容,其发展的状况与趋势与我国市场经济的运行存在着密切的关联,武术经济产生的条件是通过人们对武术的价值认同而产生的对武术物质与非物质的各种需求。因此,武术经济是在武术所具有的各种功能价值和当前人们对武术的认同程度两个方面的共建的基础上建立起来的,两者缺一不可。另外,随着武术功能被不断开发,武术经济的核心也将随着人们对其需求导向的变化而不断发生改变。

二、武术经济的特点

(一)武术经济的综合性

武术本身集多种功能为一体,这导致人们对于武术的需求表现出综合性的特点。此外,这也非常容易造成人们对于武术消费目标的不明确。

(二)武术经济的多样性

武术经济的多样性特点主要是由武术功能的多样性所决定的。

对于个人、族群、民族三个层次上的人的主题而言,武术有着不同的价值。同时,位于不同区域生活的人们对于武术的认知也存在很大的差异,这就导致了地区差别与城乡差别。另外,武术所具有的多样性的形态也决定了人们对武术消费需求的多样性。

(三)武术经济的潜在性

文化需求与物质需求有所不同,它不存在需求的饱和现象。此外,随着我国社会经济的不断发展,人们对于文化的需求也在不断增长,这也使得文化市场前景看起来非常的广阔。武术市场需要进行必要的引导,而引导的关键就是人们应该理解与认同武术的价值。

（四）武术经济的外向性

西方国家在两百多年前就已成完成了工业革命并进入了工业时代,而当时的中国社会正处于从传统农业社会向工业社会转变的历史时期。在当时,人们的生产与生活方式也在发生着很大的变化,孕育武术并受其依赖的农耕社会基础不断遭到破坏,人们已经无暇顾及武术的发展。当国人无暇顾及武术发展而忙于经济发展的同时,西方国家却掀起了武术热;而在国人开始忙于传统体育文化的同时,国外已经在为寻找原汁原味的武术而到处奔波。从某种意义来说,武术文化出现断裂也是一种不能避免的现象,而一些远传于海外的武术形式成为未来武术不断延续的火种。

三、武术经济的市场法则

在市场经济社会背景之下,武术的发展需要遵循市场规律来进行。一方面,应该对武术的市场进行开拓,从而形成以创新来促进武术市场的发展,以发展来推动武术的进一步创新的良性循环;另一方面,需要加强对武术文化基础理论的开发与研究,借助于现代媒体的宣传对人们在武术文化方面的消费需求进行正确的引导。

散打是现代体育的一个竞技项目,由于它具备很好的实用性、民族性以及一定的观赏价值,使其成为一种具有很高商业开发价值的竞技运动项目。对于散打运动的发展来说,可以通过我国体育体制的优势来促进散打运动的不断发展,不断加快散打运动的市场化进程。这样就能够使整个散打竞赛在以强有力的经济为后盾的基础上逐渐建立起来,使散打竞赛成为具有自我造血功能的体育品牌赛事。

对于武术套路而言,它不仅形式多样而且内容丰富,这使其具有很好的艺术美学价值。与散打相比较,武术套路的实用性并不强,其复杂程度也远远高于散打运动。但是,武术套路的市场开发可以通过各种的武术套路运动与戏剧等其他舞台艺术形式相结合,将武术套路运动的艺术价值更好地发挥出来。

第二节 武术产业化发展基本状况

一、武术产业化概述

(一)武术产业的内涵界定

武术产业是中国体育产业的有机组成部分。发展武术产业,不仅要追求社会效益,同时要追求经济效益,武术产业的目的不只是为了给体育管理部门增加活动的经费,更重要的是加入到市场经济的大循环,促进国民经济的增长。

目前,对于"武术产业"大致有三种理解。

第一种理解涉及"武术产业"的内容,认为"武术产业"的内容不仅包含武术经营活动,同时还包括与武术相关的一切经营和生产活动。

第二种理解认为,武术产业化是一种新的经济机制,并认为武术产业是武术事业的基本运行方式向市场经济的转化,依照市场经济以及武术发展规律,对武术的自然资源进行充分的利用,并将武术与经济紧密结合,采取一系列市场经济的原则、方法以及手段,不断刺激武术产品的市场需求,不断挖掘自身的发展潜力,拓展武术的广阔市场,促进武术市场运行新机制的形成。

第三种理解涉及"武术产业"的性质,认为武术产业就是武术服务业。

虽然以上三种观点对于武术产业界定的视角与层面有所不同,但是都有各自的合理性,虽然称不上全面,但都是对武术产业的一种诠释。

综合这些武术产业的相关理解，可以对武术产业如此界定：武术产业以武术为支撑，并向社会提供武术有关的产品的所有经济活动与相关经济部门的总称。

(二)武术产业的体系分类

对武术产业体系进行深入的了解与认知，有助于武术产业的更好发展。依据"体育消费决定体育市场，体育市场决定体育产业"的"消费决定论"，武术产业体系可分为核心产业、中介产业、外围产业三部分。

武术竞赛表演市场、武术健身娱乐市场、武术技能培训市场等都属于武术的核心产业，这些是武术产业的基础。武术技术是武术产业的典型代表，任何一项体育产业要想得到发展，就必须努力提高该项目的技术水平。因此，武术技术产业是武术核心产业发展过程中的主导。武术产业的发展需要以武术核心产业发展为龙头，这样才能促进武术中介产业与外围产业的快速发展，而这两者的发展又能使核心产业的发展起到巩固与强化的作用。三者相互促进并紧密联系，是武术产业实现和谐发展的基础。

(三)武术产业的基本特征

1. 关联性强

武术产业的特征之一表现为关联性强，这是武术自身的特点所决定的。武术作为我国传统文化的一部分，与传统文化的其他组成部门联系密切，同时表现出丰富的价值功能。对于武术产业的开发必然能够促进武术相关产业的共同发展，如武术用品业、武术旅游业、武术保险业、武术媒体业、武术经纪业等产业。因此，武术产业是一种关联性强且关联面广的上游产业。

2. 社会价值高

武术产业的特征还表现为社会价值好，对于社会价值的创造以及社会的稳定都有积极的促进作用。武术产业同时也属于劳动密集型产业,能够提供更多的就业机会,为武术的相关人才提供更为广阔的就业空间,并促进当地服务业的发展。

3. 发展潜力大

武术产业具有很大的发展潜力。目前,武术产业的发展已经初具规模。我国武术是一种土生土长的民族运动项目,不仅具有广泛的群众基础,同时还在自身发展过程中不断汲取着中华民族优秀文化的营养,表现出强大的生命力。因此,武术的发展潜力很大。目前,武术需要向产业化方向发展,这同时也是市场经济的客观要求。通过武术的产业化,不仅使武术得到了发展,同时也创造了一定的经济价值,并对当地经济的发展产生积极的作用。在产业化过程中,武术产业的优势会日益凸显。

4. 国际化发展趋势

近年来,武术有逐步国际化的发展趋势,它逐步走向世界并受到普遍欢迎。目前,国际武术联合会的会员有100多个国家和地区,这种国际化为武术产业的发展打下了坚实的商业基础。

(四)武术产业化发展的意义

武术产业化的发展具有重要的现实意义,主要表现在对自身发展与经济社会发展两方面。

1. 促进武术运动的发展

武术要继续发展,具有广泛的群众基础十分必要。作为我国传统文化的一部分,武术以其独特的魅力以及与现代体育健身等方式相结合,吸引了很多的爱好者。而随着人们价值标准与品位的不断改变,武术的发展策略必须根据客观情况适时进行调整,根据人们的不同兴趣与爱好发展相应的武术产业体系。

武术的普及和发展还需要充足的资金支持,从而进行更为广泛的宣传、举办更多的国际性以及全国性的武术比赛,并进行武术技术套路的编排与创新。这些花费除了依靠政府的财政支持,还需要积极的发展武术产业,这样才能防止资金不足问题的出现,才能更好地进行各种武术比赛、武术技术以及学术交流等活动,从而更好地弘扬中国武术,使武术得到更好的发展。

2. 有助于武术资源的保护

武术产业的发展还需要国家加大对于武术的研究,不断对我国的武术进行挖掘与整理,探究武术活动形式的演化过程,建立富于地域特色的武术拳种与体系,并进行科学的保护与利用。

3. 促进产业结构的调整

武术产业包括第二产业和第三产业,除部分武术用品业属于第二产业的制造业外,其他多数属于第三产业。对于武术产业的开发能够有效地带动我国第三产业的发展,而西部、中部的武术产业的开发必能一定程度地缓解与东部沿海地域第三产业开发之间的不平衡。由于武术产业具有很好的群众基础,很多武术产业的开发活动都发生在民间。这样有助于政府经营比例的降低,对目前所有制结构失衡的现状有一定的改善作用。作为一项运动项目,武术进行产业开发不仅可以提高自身的产业化程度,而且有助于占有更多的市场,并能够一定程度的调整运动项目产业开发的不平衡现象。

4. 有利于刺激消费

经济要发展,消费很重要。要想实现国家经济的健康快速发展,就必须要刺激和鼓励消费,不断拓展新的消费领域来扩大内需。对于武术产业的开发,将一定程度的刺激消费并扩大内需,吸收一些社会的闲置资金。

二、武术产业化发展中的问题

目前,武术的产业化已经初具规模,并且在发展的过程中取得了一系列的成绩,也在一定程度上促进了武术与社会的发展。但是,由于我国武术的产业化尚处于起步阶段,在发展的过程中还存在很多问题,主要包括以下几方面内容。

(一)起步晚且基础薄弱

我国武术的产业化起步较晚,目前还处于发展的初期,正在进行过渡与转型,并且发展基础薄弱,武术产业的规模还没有最终形成,对武术产业化的继续发展形成一定的制约。正是在这种情况下,武术产业化的规模效应还不明显,不能够形成对一流人才的绝对吸引力,从而造成产业内的经营管理人才严重短缺的现象。同时,武术产业中科学技术手段的应用也是十分有限,包括武术的器械、服装、设备生产业还没有得到更好地开发,现代高科技很少在武术产业中发挥作用。此外,武术产业开发经营传播的方式仍然很落后。当前,武术活动只有武术节、武术表演一些形式的节目能够引起人们的兴趣,表现形式相对单一。此外,武术在产业化的过程中,推广与宣传的力度不够,在范围、时间、形式等方面都很落后。单一落后的宣传方式不仅不能够达到推广普及武术的作用,甚至会造成民众对于武术的误解,远远达不到推广的预期效果。

(二)发展市场还不完善

武术产业化的市场很多,包括武术健身娱乐市场、武术竞赛表演市场、武术经纪市场、武术培训市场和武术传媒市场等。

目前,虽然武术产业化的这些市场中都取得了一定的发展与进步,并产生了一些社会经济效益,但总的来说发展还不够成熟。虽然当前的武术随着产业化的兴起与发展有所进步,但基本上还是处于无序的、无组织的、无领导、不专业性、不规范的发展状态,发展规模与范围都很有限,并不能够完全适应武术的发展需求。

(三)缺乏稳定的优惠政策支持

政府的关注与扶持也是武术发展的重要因素。当前,我国的武术产业化还处在起步期,许多问题不能够通过自身来解决,更加需要政府的帮助与扶植。同时,我国当前的武术管理体制带有很重的计划经济体制的色彩,表现最为明显的是,多数武术比赛都是武术管理中心依照行政计划模式进行开展,政府下令地方举办。而这种层层审批的行政计划模式,效率并不高。

(四)拳种消亡与无形资产浪费

中国武术流派众多,拳种也很丰富,不同的拳种具有各自不同显著的特色与风格。而随着武术竞技化的不断发展,竞技舞台上的拳种主要以争金夺银为目的,同时还有很多竞技规则与规范的制约。这种情况导致很多拳种的技术风格逐渐消失,众多拳种失去了本身所具有的特色。随着生活方式的改变,多数人已经不会花费很多时间去习练某一派别的武术,这就导致武术拳种的不断衰退,并使武术的传承产生危机。此外,中国武术作为一项运动项目,同样也是一种文化形态,本身拥有很大的无形资产,同时也有很高的经济价值。一直以来,由于对武术自身的经济价值没有足够的认识,导致武术这个金字招牌没有得到充分的利用,从而造成了无形资产的巨大浪费。

(五)发展思路存在误区

武术通常表现为套路与散打两个方面。武术套路主要表现为套路表演的形式,它受体操、舞蹈等影响,展示出高、难、美等运动特点。而散手主要以实战为主,突出表现了武术的对抗性。而这两种现代武术发展形式一定程度上使中国武术的发展产生误区。一方面是武术的发展逐渐缺乏实战性特征,而主要进行套路

第八章 新时代武术经济价值及其科学发展研究

演练,是武术逐渐沦为一种练架;另一方面是散手在武术比赛中由于受到规则以及比赛装备的影响,踢打摔拿,无法将武术的四大基本技法全部展现出来,同时也不能够将武术丰富的文化内涵展示出来。武术的价值观与现代生活的价值观也有所不同。怎样将武术与现代生活进行结合,如何将武术赋予新的时代价值与活力,怎样开发出武术更加广阔的市场空间,这些都是武术产业化的发展道路上应该认真思考并解决的问题。

综上所述,当前我国的武术产业发展还存在很多问题,而且武术产业多表现为分散型经营,并没有形成一套成熟完整的武术市场运作的体系,从而造成武术的发展速度相对滞后。

三、武术产业化的发展策略

(一)加强政府监管,健全政策法规

在社会主义市场经济体制下,我国武术的发展模式主要采用政府参与性的产业发展模式。这是由我国的基本国情以及武术自身的特征所决定的。因此,只有充分发挥政府的作用,才能促进武术产业化的快速发展。而政府作用的发挥,主要应该从以下三个方面体现。

1.确立武术产业发展的目标

只有确立了正确的发展目标,才能更好地引导武术产业的不断发展。在我国体育界,体育的目标和任务主要是全民健身、奥运争光以及发展体育事业。武术产业也是体育发展的任务之一。根据武术发展的经验、现状以及前景分析,武术产业的发展目标可以概括为"武",即以市场经济需求为导向,以武术核心产业为主体,并带动中介产业以及外围产业的发展。

2.出台一系列扶持政策

有了明确的发展目标,政府还要有相应的扶植政策对武术产

业的发展作保证。政府需要根据武术发展的特征制定相应的措施,并将武术产业作为体育产业发展的重点内容。根据我国的国情,武术有着其独特的风采以及天然的发展优势,武术产业也就理所当然地成为我国体育产业发展的重点。

3. 健全相关政策法规

武术的产业化发展,必须有健全的市场法律法规体系作保证,只有这样才能更好地进行引导和规范,才能够为武术产业化发展创造良好的环境。

(二)刺激武术消费,培育消费主体

随着国民经济的迅速发展,人们的物质生活水平不断改善并开始追求更加健康的生活方式,同时也对闲暇时间的活动提出了更高的要求。当前,我国的武术消费水平还处在一个很低的层次,武术的消费主体有限,这些都是武术市场向前发展的消极因素。体育相关的管理部门应该对人们的武术健身活动进行规范与引导,刺激并鼓励武术消费,不断挖掘和壮大体育的消费主体,不仅使武术满足人的要求,同时也促进武术市场的不断发展。体育管理部门可以依据武术发展的相关需要,定期举行武术市场发展的研讨会,讨论并提出建设性的意见或建议,对符合实际情况的比赛模式、规则和具体的实施方案进行及时的颁布与修改,从而为武术的消费创造条件。

对于武术消费的刺激与引导,还要根据武术消费者年龄、职业、收入状况以及兴趣爱好的不同,开发出不同类别的武术产品。只有提供多样化的武术消费产品,才能让体育消费主体有更多的消费选择,才能使消费者多样化的消费需要得到满足。同时,武术也要采取多样化的发展模式,创造多样化的消费产品,提高消费主体的消费热情,从而使体育产品的消费主体逐渐壮大。

（三）创建产业运作实体，加强产业运作

任何经济产业要想实现市场竞争中的生存与发展，就必须拥有自己的产业运作实体，产业运作实体对于产业化发展的作用至关重要。在当前的发展阶段，建立一个产业实体来对武术的产业及市场资源进行多方面的整合十分必要。

武术在产业化的过程中举行大型的赛事会相当困难，不仅要进行大量的资金投入，还要进行一系列的赛事运作工作，包括筹集资金、修建体育场馆、运作门票市场、开发赞助商和供应商、赛事组织、购买器材、聘请保安和服务员等。这些工作不仅繁琐，而且一旦处理不好，就可能带来严重的后果或巨大的经济损失。而武术产业运作实体在进行这些申办、筹资、建设以及举办工作时，经验丰富而且相对专业。因此，将武术公司做大、做强并对其加强运作显得非常必要。

此外，作为基本的武术产业运作个体，武术俱乐部对于武术产业发展的促进作用也不容忽视，需要引起重视并大力支持。

（四）采用多种手段，创新武术品牌

武术目前已经走出了国门，并且有很多的交流、表演活动，武术事业也得到了一定的发展。但是，当前武术产业的发展与预期还有很大的差距，发展的现状也存在很多问题。之所以出现这种情况，是由于武术产业尚未创造出自己的品牌，没有自身品牌的优势。武术品牌的内容很多，包括武术工艺品、武术旅游用品、武术邮票连环画、武术音像光盘、太极健身等很多方面。

随着中国经济的发展以及国际地位的提高，武术逐渐走出国门，迈上了世界的舞台，并且得到了系统、长期的发展，并形成了包括"武术""功夫""太极拳"等有一定影响力的武术品牌。以武术为展示内容的文艺作品在国际上已经有了一定的地位，如《卧虎藏龙》《精武门》《唐山大兄》等影视作品。通过与电影这种艺术形式相结合，使武术的知名度不断提高，并在世界范围内

引发了一轮"功夫热"的潮流。而在体育赛事方面,"散打王"已经成为一个品牌形象逐渐为人所熟知,这是中国武术与美国的职业拳击、泰国的泰拳相互交流与对抗而形成的。这类武术赛事的商业价值以及发展前景仍然很巨大。

(五)传承武术传统,展示文化内涵

作为一种优秀的民族文化,武术不仅具备体育项目的特性,同时又具有明显的文化特征。武术与体育项目的共同点在于都具有竞技性与健身性,而武术特有的性质表现为突出中华民族的特色以及丰富的历史文化内涵。因此,我们要充分挖掘武术中的精神文化内涵,并为现代社会服务。

武术具有悠久的发展历史与深厚的文化底蕴,主要表现在民族性、理论性、技术性、传奇性与艺术性。武术的应用价值在当今社会已经不再拥有,同时其文化艺术价值逐渐表现出来。武术只有建立在自身文化艺术价值的基础之上,才能获得进一步的发展与进步。

(六)培养武术人才,进行武术宣传

武术人才对于武术发展的作用至关重要。特别是在当今社会,武术产业在国内以及国际两个市场都在发展,与很多有品牌优势以及销售优势的大型跨国公司进行市场的竞争,其多采用数字化以及网络化的技术手段,竞争的胜负多取决于品牌质量的高低以及产业人才的优劣。因此,武术产业的发展要不断加强宣传的力度,增加武术产业的吸引力,不断吸引更多的武术专业人才加入武术产业的领域中,尽其所能为武术产业的发展做出相应的贡献,并逐步组建适应市场经济规律的专业人才队伍。

此外,武术产业化的发展还要进行国际范围内的宣传与推广,这同时也是武术发展的客观需要。因此,不仅要加强武术的宣传推广,注重武术文化的传播,还要加强政策法规的支持。需要注意,产业的发展与产品的宣传都需要媒体发挥作用,作为民族体育品牌的传统体育,同样需要通过媒体来进行推广与宣传,从而更好地推动武术的产业化发展。

第三节 武术产业化发展与市场运作

一、武术产业化发展

(一)武术产业化发展的意义

武术产业的发展具有重要意义和价值,主要表现在对经济社会发展和自身的发展方面,具体包括以下几点。

1.武术产业发展有利于武术运动的发展

武术产业的发展对武术本身的发展有促进作用。每项运动的发展都需要有一定的经济基础。现代竞技体育发展的实践证明,商业化是体育运动普及发展至关重要的一环,而某一运动项目的有形产品和无形产品的产业化,是该运动项目商业化的前提之一。

因此,推动武术产业化的进程对于武术运动本身的发展将会有巨大的推动作用。

2.武术产业发展有利于武术资源的保护

发展武术产业,需要对我国的武术进行详细的了解,这一定会促进对我国武术的挖掘、整理,以恢复其原本的活动形式,建立起具有各个地域特色的拳种体系,并予以定义、保护和科学利用。

武术产业化是一项规模化的经济活动,对于打破门派之间的壁垒,以及促进大众进行武术健身具有积极的作用。

(二)武术产业发展的推动因素

1. 政治因素

武术产业发展与政府的政策导向关系密切。在武术发展过程中,政府起到了积极的推动作用。从 20 世纪 80 年代起,我国制定了一系列的方针政策,促进武术产业的发展。

1985 年,国务院颁布了《国民生产总值计算方案》,将体育产业同教育、文化、卫生等部门的产业一样,列入第三产业的第三个层次,即为提高科学文化水平和公民素质服务的部门产业。从此,中国体育产业开始产生与发展。

1992 年,中共中央、国务院发布了《关于加快发展第三产业的决定》,体育理论界掀起了如何加快体育产业发展的研究热潮。

2000 年,中国武协制定了《2001—2010 年武术发展规划》。《规划》指出,要按照市场规律,加快武术的市场化建设。

通过一系列政策的制定和实施,显示国家对武术产业发展的政策导向,这是加快武术产业发展的依据,也是武术产业发展的原因。

2. 经济因素

经济的发展能够促进人民生活水平的提高,能够促进综合国力的增强。世界的发展离不开经济的发展,市场化是当今世界经济发展的趋势。在市场经济条件下,经济发展的规模增大,各部门之间的联系加强,对产业化提出了要求。我国市场经济在发展,体育产业化在发展,这就要求作为体育产业组成部分的武术产业化也要不断向前发展。因此,武术产业化发展是我国经济发展的需要。

3. 自身因素

我国武术处在不断的发展和变化之中,武术的产业化是其自

第八章　新时代武术经济价值及其科学发展研究

身发展的重要途径。武术的产业化发展在我国有其独特的发展优势,具体表现为如下几点。

（1）中国武术在世界上具有非凡的影响力,许多体育品牌世界闻名。

（2）中国武术产业的资源丰富。这些资源包括文化资源、人才资源、技术资源等。

（3）武术具有雄厚的群众基础,因此武术产业有着庞大的消费群体和广阔的消费市场。

（三）武术产业发展中存在的问题

我国的武术产业化刚刚起步,在取得一定的成绩的同时,也暴露出了一些问题,只有认真分析问题产生的原因,并积极地采取相应的应对措施,才能促进武术产业的长足发展。现阶段,我国在武术产业化发展过程中暴露的问题主要有以下几点。

1. 武术产业基础薄弱

我国武术历史悠久,但是其产业化发展则是改革开放后才开始的。我国武术产业起步晚,产业链条尚未成型,基础脆弱,而且如今又处于经济社会发展的改革和转型期,因此,发展相对滞后。武术的产业化发展需要更多的关注和投入,从业人员也需要在观念上进行调整,紧跟时代步伐。

作为产业管理部门和从业人员,对市场经济还有一个转变观念和重新认识的过程。武术产业的发展基础薄弱,严重制约了武术产业的发展步伐。加强武术产业基础建设,需要大量的资金投入,这就需要通过完善的市场体系,合理地配置社会资源,形成良好的投入产出市场循环机制,从根本上解决发展武术产业投入不足的问题。由于武术产业的发展时间短,产业规模尚未完全形成,规模效应尚不明显,对一流人才的吸引力尚不够,产业内优秀的经营管理人才严重不足,因此,一方面要着力培养后备力量;另一方面要因势利导,广泛宣传,大量吸引优秀的人才参与到武术产业中来,提升武术产业的发展后劲。

2. 缺乏长期稳定的优惠政策支持

目前我国的武术管理体制仍然带有浓厚的计划经济体制的味道。表现最为明显的是,大多数武术比赛都是武术管理中心按照行政计划模式进行运作,上面指令,地方承办。管理上层层报批,效率不高。

另外,我国地方政府的轮转机制和政绩考核也对政策的实施造成了不良的影响。很多地方政府只关注于短时期的政绩,只注重自己任期内的经济发展,而不注重长远的利益,这也是政策不稳定性的根源,政府领导的变更便会导致相关政策的变更。因此,应该确立长效的政策机制,保证各项政策的实施。

3. 武术拳种消亡,无形资产浪费

由于门派之间的壁垒,以及武术术语的艰涩,很多武术都湮灭在历史发展的潮流中,这无疑是武术的一大损失,对于武术产业化也造成了一定的影响。

另外,随着武术竞技化的需求,竞技舞台上出现了拳种,但在以争金夺银为目的的现代武术竞技规则引导与规范下,许多拳种的技术风格消失,致使拳种失去原有的特色。长期以来武术工作者对品牌的经济价值认识不足,中国武术这块金字招牌没有得到很好的开发与利用,造成了无形资产的浪费。

(四)武术产业发展的策略

1. 加强政策支持

社会主义市场经济体制以市场为主导,以政府的宏观调控为手段。因此,在武术产业发展过程中,应积极发挥政府的作用。首先要为武术产业发展确立宏观的发展目标,使武术产业有明确的发展方向。根据现状、发展前景及过往经验,武术产业发展目

第八章 新时代武术经济价值及其科学发展研究

标可概括为以"武"为主,以市场经济需求为导向,以武术核心产业为主体,带动中介产业和外围产业。实行多种经营,形成产业结构多样化格局,逐步向多元化、大型化、集团化、国际化发展,不断增加武术产业在体育产业中的比重。

目标确立后,政府应出台多项扶持政策,采取发展武术产业的措施,将武术产业确定为体育产业发展的重点。事物具有特殊性,各国体育发展的重点也不同。对我国来说,武术有其独特的特点和天然的优势,武术产业理应成为我国体育产业发展的重点。我国武术文化的发展不仅有深厚的底蕴和群众基础,还具有丰富的产品、技术、人才等各方面的资源,并且我国武术已经被世界各国广泛知晓,具有一定的国际影响力,这为武术产业的发展壮大打下了坚实的基础。

对武术产业进行扶持,必须健全完善有关的法律法规。无规矩不成方圆,只有健全与完善武术文化市场的法律法规体系,才可以对市场起引导、规范作用,才能为武术产业的发展提供良好的环境。

加强政策的扶持并不是政府的全权干预,过分的政治干预则会对经济的发展造成不良的影响,历史的发展早已证明了这一点。政策的倾斜会使武术文化得到相应的发展,但是如果政府干预过多,则会对管理观念和手段产生相应的影响,主要表现为管理观念和手段的固步自封。另外,政府的过多干预会造成武术产业对政府政策的过分依赖,这样的产业经济会逐渐丧失竞争力。

2. 创建产业运作实体

实践表明,产业运作实体对产业化发展有着重要作用,这是经济发展的宝贵经验。任何经济产业要在激烈的市场中求生存与发展,拥有属于自己的产业运作实体是至关重要的。而目前我国武术产业发展的现状也对产业运作实体提出了需求。中国现有的武术文化市场无秩序、无组织的发展状况,使创建具有一定实力的产业实体,对武术产业资源及市场资源进行全方位的整合,显得十分必要。

武术文化的产业化困难重重,需要对各方面的人力、物力和财力进行合理的调度和利用,要对价值链的各个环节保持密切的关注,确保资金的灵活快速运转。例如,承办大型赛事需要做大量的赛事运作工作,如筹集资金、修建体育场馆、运作门票市场、开发赞助商和供应商、赛事组织、购买器材、聘请保安和服务员等,这些工作比较繁琐,需要综合考虑,稍不小心就可能带来巨大的损失。而武术产业运作实体在处理这些申办、筹资、建设、举办工作时,比较专业且经验丰富。因此,创建实力强大的武术公司很有必要,能对武术赛事进行有效合理的规划和推广,从而促进武术产业的发展。

3. 积极开拓国内外市场

在当今时代,市场化是武术文化发展的必由之路。因此,要积极开拓武术的国内外市场,为武术的发展创造良好的环境,促进武术的发展。武术产业的发展需要诸多有关武术的市场的配合,武术产业化要想发展,必须积极发展武术相关市场。

(1)武术文化消费市场

我国武术文化消费在体育文化消费中所占比重很小,有很大的发展空间。开拓消费市场,扩大我国的消费水平,需要我们不断地提高武术的吸引力,满足人们的教育、健身、娱乐等各方面的需求。只有充分地发掘武术的各项价值来满足人们的相关需求,才能使各大企业、大公司都参与到武术的发展中来,进一步促进武术产业的发展。

(2)武术文化市场

狭义的武术文化市场是指文化产品和文化服务交换和流通的场所;广义概念是指武术文化产品和服务在交换过程中所反映的经济关系的总和。在武术文化发展的过程中,一方面,要加强武术文化基础理论的研究工作,借助媒体宣传作用,积极引导武术文化的消费需求;另一方面,要积极开拓武术市场,形成以

第八章 新时代武术经济价值及其科学发展研究

创新促市场发展,以发展推动武术创新的良性循环。

马克思曾经把人类的生产活动分为物质生产和精神生产两大类,并指出它们受生产的普遍规律制约。文艺产品的生产具有不同于物质产品生产的特殊规律。因此,武术文化的生产过程同样必须接受一般经济规律的制约。然而,武术文化产品生产是特殊的。武术文化市场中包含有形产品、无形产品,物质产品和精神产品,类型相当复杂,而且人们对武术多元价值的认同是武术文化产品的生产与消费的依赖。这就使某种类型武术文化消费的同时可能会带动对武术文化其他层次的需求,从而使武术市场的开发具有文化先行性、潜在性、引导性的特征,因此文化规律成为制约武术文化市场的另一规律。由于武术文化产品及其服务价值的二重性及其消费特性,武术文化市场具有与一般物质产品市场所不同的市场效益二重性——经济效益和社会效益。社会效益第一,经济效益第二。没有社会效益也就无从谈起经济效益。

(3)国内外市场

随着我国武术产业的发展,武术运动逐渐走出国门,且在世界已产生了一定的影响。但就推广的规模和速度等方面而言,仍然发展较慢。国际市场的开拓对武术产业的发展至关重要,因此要加快国际化的步伐。

开拓国际市场,需要优质的文化商品以及相应的渠道,这就需要有计划地培养武术教学、训练科研等方面的既精通业务又有较高外语语言水平的教师队伍、教练员队伍、裁判员队伍。另外,可通过与有较好师资条件的体育院校合作,开办针对外国学生的相关专业,培养符合武术运动发展需要的国际性人才,推动武术产业的发展。

4. 培养武术人才

武术文化的发展,武术人才的作用不容忽视。尤其是当今社会,武术产业在国内、国际两个市场上发展,采用的多为数字化、网络化的技术手段,越来越先进并且是与拥有品牌优势和销售渠道优势的大型跨国公司展开生存竞争,竞争的胜负很大程度上取决于武术文化品牌的质量和拥有发展武术产业的人才数量。因此,应加大宣传力度,增加武术产业的吸引力,使更多不同领域的人才加入到武术产业的大家庭当中,各尽所能,逐步形成适应市场经济规律的运作形式和过硬的人才队伍。

另外,我国武术产业的现状需要越来越多武术专业人才的出现。目前武术文化的发展在传承与理论研究方面存在着问题,需要武术专业人才进行武术的理论研究,并做好武术的传承,因此培养武术人才是武术产业发展的保障。

二、武术产业发展的市场运作

(一)武术竞赛表演市场运作

1. 武术竞赛表演市场运作的特征

除了具有一般市场的运作特征之外,武术竞赛表演市场运作还具有其较为独特的特征,具体表现在以下几个方面。

(1)武术竞赛表演市场发展的基础是竞赛表演水平

在武术竞赛表演市场中,包括运动员在竞赛表演中高超的运动技能这一主要内容的武术竞赛娱乐服务,是职业俱乐部提供的主要商品。运动员在比赛中的表演直接影响着职业俱乐部提供的商品的质量。由此可以看出,武术竞赛表演市场发展离不开的一个重要基础就是职业武术俱乐部的竞赛水平。

第一,俱乐部的竞赛水平与其社会影响有着较为密切的关系。职业武术俱乐部的竞赛表演水平高,那么其拥有的消费者即观众也就相对较多,从而使社会的关注度就会有所提高,产生的社会影响也就相对较大,因此,在一定程度上提高了俱乐部开拓市场的能力,进一步丰富了经营的内容。武术竞赛表演市场发展的基础就是职业武术俱乐部收益最大化的实现。具体来说,广告赞助收入、运动员转会的市场价值、职业武术俱乐部收益最佳时期,往往就是俱乐部竞赛表演水平最高、比赛成绩最好的时期。

第二,职业武术俱乐部竞赛表演水平与其经营收入有着一定的联系。通常情况下,竞赛次数越多、竞赛级别越高,俱乐部的经营收入水平就会相对较高。除此之外,竞赛表演活动级别高、对抗激烈和观众踊跃,获得的门票定价、理想的销售额以及电视转播权售价也都相对较高一些。由此可以看出,职业俱乐部竞赛表演水平在一定程度上影响着其经济收入。

（2）运动员是武术竞赛表演市场重要的稀缺资源

在武术竞赛表演市场的娱乐产品生产过程中,为了保证比赛活动的正常进行,要求必须固定生产要素的搭配、组合比例。作为武术竞赛表演市场的主体,职业武术俱乐部的主要核心是由一批高水平运动员组成的职业运动队。运动队中的运动员作为职业武术俱乐部生产过程的生产要素,对职业武术俱乐部的发展产生较大的影响。鉴于此,为了保证职业武术俱乐部的顺利发展,要求运动员掌握专门的武术技能,因此,这就使得运动员培养、训练的周期往往较长,供给弹性很小,随着市场价格的提高,运动员的供给量也不会有相应的增加,高水平的运动员更为稀缺,在一定的地域范围内,处于一流水平的运动员数量非常稀缺。

武术竞赛表演市场的运作归根到底是围绕着武术运动员、运动队展开的,因此,对于武术竞赛表演市场来说,运动员是不可替代的稀缺资源。一个职业武术俱乐部的价值源于与俱乐部签订工作合同的运动员。

（3）武术竞赛表演市场经营活动的合作性

在武术竞赛表演中,运动员高超的运动技能的表现形式往往是精彩的表演和激烈的竞争对抗,通过观看紧张激烈的武术竞赛表演,观众往往会感受到强烈的刺激、兴奋之快感,由于比赛表演的双方往往是势均力敌的,因此,竞赛结果往往是具有不确定性特点的,这也就赋予了武术竞赛表演特殊的魅力,对观众有着非常强的吸引力。需要强调的是,武术竞赛表演自身是无法构成对抗的,必须有对手参加,这样才能够共同来生产经营竞赛表演这一产品。

随着职业武术俱乐部的发展,武术竞赛表演市场经营活动的成功对于俱乐部彼此间的合作的依赖性越来越强。职业武术俱乐部在对抗与合作中实现产品的生产经营,因此,这就要求各俱乐部建立起协调、合作、制约的关系,并对一系列的问题进行有效的解决。其中,比较常见的问题有:俱乐部主客场的确定、各俱乐部利益的维护所涉及的参赛条件、俱乐部的活动范围、武术竞赛表演活动的收益分配方法、运动员转会制度等,为了解决这些问题,就需要制定相应的规定和制度,职业俱乐部联赛组织及各俱乐部必须遵守的章程、规定与合约就会形成并且逐渐完善,以保证俱乐部的正常运行。

（4）武术竞赛表演市场运作中起重要作用的中介机构

武术竞赛表演市场的运作,是需要围绕一定的核心进行的,具体来说,主要是指职业武术俱乐部无形资产开发、商业性赛事运作、媒体转播权、运动员转会、赞助广告等的商务活动,因此,这就赋予了其显著的专业性和时效性特点,同时,也存在着高收益和高风险并存的状况。一般情况下,高水平的中介机构都会对职业武术俱乐部重大商务活动的运作和新兴业务的开发进行代理经营,究其原因,主要是由于中介机构拥有专业化的人才,在信息方面占有一定的优势,通过中介机构的代理,能够有效节约交易成本、降低经营风险、进一步拓展市场经营内容,提高市场经营效率。而这些,往往是职业武术俱乐部自身所不能做到的,这也充分体现出了职业武术俱乐部的发展趋势。

（5）新闻媒体在一定程度上制约着武术竞赛表演市场的运作

随着职业武术俱乐部呈现出的产业化、市场化、国际化的发展趋势,俱乐部与媒体的互动关系也越来越紧密,新闻媒体对武术竞赛表演市场运作的制约作用也表现得更加突出。究其原因,主要是由于在武术竞赛表演市场的运作过程中,职业武术俱乐部之间的竞赛表演活动需要各种新闻媒体不间断地报道;同时,新闻媒体对职业武术俱乐部的关注程度,也对俱乐部的市场价值起

第八章　新时代武术经济价值及其科学发展研究

着一定的决定性作用。

2. 武术竞赛表演市场运作的内容

武术竞赛表演市场运作的内容有很多,其中,比较重要的是以下几方面。

（1）门票经营

门票经营是职业武术俱乐部的一项重要收入来源,门票经营状况,能够在一定程度上将消费者对武术竞赛表演市场产品——竞赛的满意程度反映出来,另外,其也能够作为一项重要标志来对职业武术俱乐部运作的优劣进行衡量。

武术竞赛表演市场的重要组成部分,就是球迷消费者的需求,而俱乐部产品的核心则是比赛紧张激烈的对抗程度。换句话说,这也是最能体现消费者观赏比赛利益的重要方面。职业武术俱乐部是非常重视门票收入的,因此,其往往会采取一切可能的措施,将观众吸引到比赛场上来,为消费者提供有效的服务,从而使门票收入得到尽可能的扩大和提高。

（2）媒体转播权经营

武术竞赛表演市场的媒体转播权经营是职业武术俱乐部收入的另一个主要来源。武术竞赛表演转播权包含的内容有很多,最主要的是指电视转播权、广播电台转播权、互联网转播权,其中,在媒体转播权中占主导地位的是电视转播权。随着电视网络的兴起,社会各界对职业武术竞赛表演的关注、电视机构为争夺武术竞赛表演的转播权而互相竞争,这又在一定程度上对电视转播费的迅猛增长起到了积极的刺激作用。

与此同时,电视转播费等媒体收入的不断增长,也对武术竞赛表演市场的发展和繁荣产生了极大的刺激作用,随着职业俱乐部联盟垄断地位的强化和营销策略的创新,媒体转播经营将在武术竞赛表演市场经营占据更加重要的地位。

（3）赛事商务开发经营

赛事商务开发经营领域宽广,市场潜在价值大,这也在一定程度上标志着职业武术俱乐部市场的经营水平。

武术竞赛表演市场的赛事商务开发经营涉及范围较为广泛,其中,较为主要的有职业武术俱乐部标志产品、会员会费、主题餐饮服务、训练营观摩服务、运动场地租赁等相关产品的市场化开发经营。职业武术俱乐部对这一领域的经营开发与经营非常重视,并且通过新的产品和营销手段的不断开发,来创造更加稳定的经济收入来源。

(4)赞助与广告经营

从实质上来说,赞助与广告经营是广告特许权的经营,具体来说,就是俱乐部寻找广告赞助商的经营活动。它在职业武术俱乐部收入来源中所占的地位是较为重要的。各职业俱乐部凭借自己所处地域的知名度以及武术竞赛表演独特的宣传效果,使俱乐部广告特许权产品多元化和系列化,与赞助商建立长期合作的伙伴关系,吸引众多企业提供高额的赞助费用;各大企业力图通过赞助武术竞赛来使自身的知名度得到有效的提高,对自己的产品进行积极的促销,以此来赢得商业上的利益。

(二)武术健身娱乐市场运作

我国武术健身娱乐市场的发展前景良好,近年来各地武术健身中心逐渐涌现出来,尤其在一些城市,得到了较为广泛的发展和普及。这就进一步提高了商业性健身俱乐部之间的竞争程度;市场营销策略的合理应用与高效管理,对于健身中心有着非常重要的作用。

1.明确目标市场

在近期内,武术健身娱乐市场出现了一个显著变化,那就是武术健身中心的地位由以往的大众市场逐步向确定的更为细化的目标市场方向转变。武术健身娱乐经营者以顾客的动机以及如性别、年龄、收入等人口统计资料为主要依据,将市场划分为许多部分。然后,以各健身中心自身的特点和优势为主要依据来有

第八章 新时代武术经济价值及其科学发展研究

针对性地进行市场定位,然后在自己选定的目标市场进行重点促销。

在市场激烈的竞争中,我国各武术健身俱乐部要想获得生存和发展,就必须使自己特定顾客群的需要得到满足,设计出与他们相适应的各种计划,配置好相应的设施与环境以及提供周到的服务,以此来使自己的市场份额得到进一步的扩大。近几年,一些健身中心出现了专门针对妇女需要而开设的各种健身计划,如针对妇女生理、解剖特征而开设的女子防身术等,由于其市场定位和营销策略使用得当而获得成功。

2. 确定服务内容

近年来,武术健身俱乐部为了能够在激烈的市场竞争中得以生存和发展,许多俱乐部为了能够吸引并长期留住顾客,开始引进"多功能"全方位的服务内容和项目。这一方法被诸多武术健身俱乐部在市场竞争中采用,并且这已经成为市场竞争取胜的关键所在。当前,人们对健康的总体认识在发生着一定的改变,人们也越来越重视生理和心理健康、精神和身体之间的联系。这种倾向主要在武术健身娱乐业上得到体现,那便是传统意义上只提供身体练习的健身俱乐部正在向全方位和多功能的方向进行转变。而一些紧跟时代发展的新思路、新的经营策略使整个健身业和许多健身俱乐部在激烈的市场竞争中得以长期生存和发展。

3. 做好风险管理

武术健身娱乐产业应当具备严格的风险管理计划以及各种具体的指南性文件来对设施和器材的使用、项目的策划和经营进行有效的指导,同时,还要应付不同的环境变化与紧急情况的处理。

经营者通过制定并实施有效的风险管理计划,能够使各种法律纠纷与保险公司的分歧得到有效的控制,甚至有效避免。因此,这就要求以不同的运动项目、对象、器械、地点等情况为主要依据,有针对性地实施相应的风险管理,这是武术健身娱乐业经营过程中的一个重要内容。除此之外,武术健身娱乐业的风险管理还有几个问题需要注意,具体表现在以下几个方面。

（1）报名前对参与者做身体检查,以决定参与者适合参与的运动项目和活动程度。

（2）对所有工作人员进行资格审查,包括是否具备相关经验、相应的从业执照等。

（3）始终保持俱乐部的各种设施、器材处于一种良好的、符合安全规定的状态。

（4）对员工、顾客及一切相关人员进行安全教育和培训。

（5）向参与者讲明参加每一个练习或活动的注意事项,必要时加以辅导和训练。

（6）在会员练习时要给予帮助和保护。

（7）确定各项活动的进程是否符合国家有关标准。

（8）紧急情况和重大事故的处理要符合法定程序,包括呼救、急救、疏散、搜索、求援等。

参考文献

[1] 席建平,马宏霞.武术[M].北京:化学工业出版社,2016.

[2] 张瑞林,王飞,邵桂华,陈庆合.武术[M].北京:高等教育出版社,2005.

[3] 蔡仲林,周之华.武术[M].北京:高等教育出版社,2005.

[4] 田勇.武术[M].广州:华南理工大学出版社,2009.

[5] 于志钧.中国传统武术史[M].北京:中国人民大学出版社,2006.

[6] 汪晓鸣.我国传统武术发展及其研究[M].北京:中国原子能出版社,2015.

[7] 路祎祎.史论民间武术价值功能的嬗变[D].北京体育大学,2013.

[8] 王辉.武术价值观认识的新发展[J].搏击·武术科学,2009,6(08).

[9] 李增博.现代社会中武术价值系统的构建研究[D].武汉体育学院,2012.

[10] 武冬.传统武术在现代化社会中的落差与发展的思考[J].北京体育大学学报,2004,27(12).

[11] 宋建钧.传统武术竞技化困境与传承出路研究[D].南京体育学院,2014.

[12] 卢元镇.中国武术竞技化的迷途与困境[J].搏击·武术科学,2010(7).

[13] 王秀玲. 全民健身与城市体育[M]. 沈阳：白山出版社，2015.

[14] 南来寒. 全民健身路径[M]. 长春：吉林文史出版社，2014.

[15] 董孔楣, 陈立民, 李永刚. 全民健身运动理论和科学实践研究[M]. 北京：中国书籍出版社，2014.

[16] 刘巍, 张建, 杨忠强. 全民健身新论[M]. 哈尔滨：东北林业大学出版社，2013.

[17] 李彪. "健康中国"视域下中国武术健康价值的时代审视[D]. 苏州大学，2017.

[18] 刘彩平. 当代学校武术教育价值刍议[M]. 北京：北京体育大学出版社，2011.

[19] 林森. 我国高校武术教育可持续发展研究[D]. 华中师范大学，2014.

[20] 马艳. 论传统武术的教育价值[D]. 山东师范大学，2008.

[21] 董勇. 论高校武术发展的特点与对策[J]. 河北体育学院学报，1999（2）.

[22] 马洪全, 朱全飞. 谈传统武术文化在高校的发展[J]. 清远职业学院学报，2010（3）.

[23] 王文清, 郝建峰. 武术文化基础知识[M]. 北京：中国社会出版社，2006.

[24] 虞定海, 牛爱军. 中国武术传承研究[M]. 北京：人民体育出版社，2010.

[25] 曹云. 中国武术传承与发展研究[M]. 长春：东北师范大学出版社，2011.

[26] 栗胜夫. 中华武术的传承与发展[M]. 北京：人民体育出版社，2012.

[27] 吕冬生. 传统武术的文化内涵与创新发展[M]. 长春：吉林大学出版社，2014.

[28] 周俊尧,谢志斌.传统武术文化与技术学练[M].长春:吉林大学出版社,2014.

[29] 沈宁,李博,李文厚.传统武术文化新探与健身指导[M].北京:中国时代经济出版社,2014.

[30] 苏东水.产业经济学[M].北京:高等教育出版社,2000.